OSAHOU

法学のお作法

吉田利宏 著

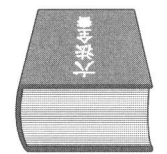

法律文化社

はしがき

　「初めて」のときはみんなドキドキなのです。

　今や常連となった牛丼チェーン店も最初はドキドキでした。初めて連れていってくれた近所のおじさんは，紅ショウガをあてに日本酒を1本飲むと，素早く牛丼をかっこみました。「坊主，ここじゃあ，長居はいけねぇ」。おじさんはそう教えてくれました。

　いつの世もお作法は先達が教えてくれるものなのです。不安な気持ちを落ち着かせ，導いてくれるのは常に先に経験した人たちなのです。

　「特殊な学問」ともいえる法学においても「お作法」はあります。法律にどのような役割が期待され，私たちがどのようにそれを学び，そうした考え方が社会の仕組みにどのように反映されているのか，こうしたことを教えてくれる「法学概論」は法律学習の先達といえるでしょう。

　ただ，ズバリと本質を伝えることが難しい分野でもあります。抽象的な内容が多いと生活から離れますし，個別の法律の紹介が多いと本質から遠くなります。

　この本では3部構成で「法学概論」の世界へとみなさんを案内することにしました。「第Ⅰ編　法律学習の作法」，「第Ⅱ編　法律の常識」，「第Ⅲ編　法律の役割」がそれです。

　「第Ⅱ編　法律の常識」は伝統的な法学概論を踏まえた内容となっています。本書の特徴は，むしろ，第Ⅰ編と第Ⅲ編にあります。第Ⅰ編では法律を読む目的意識や自分の目で法律を読むための条文ルールに紙面を割きました。いわば「学びのお作法」です。第Ⅲ編では，社会生活のなかで必

要となるルールの成立ちを法律を通じて語ったつもりです。これはある意味「社会のお作法」でもあります。

　法律は押し付けられるものでもなく，使われるものでもなく，人生をそして社会を豊かにするために使うものです。

　「牛丼店じゃあ，長居はいけねぇ」。そんな風に本質を一言で語ることは私にはできそうにありませんが，初めて法律を学習しようとするみなさんの少しでも助けになれば幸いです。

　本書が発刊に漕ぎ着けられたのは，法律文化社の掛川直之さんのお蔭です。この場を借りて篤く御礼を申し上げます。

　　2015年7月

吉田　利宏

目　次

はしがき

Ⅰ　法律学習の作法

1章　法律学習の心得：リーガルマインドのありがたいご利益って?!
1　法律を学ぶことにはどんな意味があるの？ ……………… 003
2　法律を知っていれば就職や資格で有利なの？ …………… 007
3　法律ってどうやって学ぶの？ ……………………………… 009

2章　法律学習の道具：無料(タダ)で調べることができるってホント?!
1　六法を揃える：「武士の刀」というけれど ……………… 012
2　新聞やニュースの使い方 …………………………………… 016
3　ネット上の法情報を上手に使おう ………………………… 018

3章　法律学習の意義：強制力があるから法律は法律たりうる?!
1　法律って何だろう？ ………………………………………… 023
2　みんなに法律を守ってもらうにはどうすればいい
　 だろう？ ……………………………………………………… 025
3　法令用語が必要なわけ ……………………………………… 030
4　条文を見てみよう …………………………………………… 033

4章 法令用語ひとかじり①
：条文は仕組みがわかればスイスイ読める?!

 1 法令用語の基本をものにしよう ………………………… 036
 2 条文の構造を見抜く用語 ……………………………… 041

5章 法令用語ひとかじり②
：独特の表現も慣れればむずかしくない?!

 1 繰り返しを避けるための用語 …………………………… 047
 2 範囲や日時に関する用語 ………………………………… 049
 3 ニュアンスを伝える用語 ………………………………… 053

Ⅱ 法律の常識

6章 法律の常識①：全体像をつかむとグッと理解が進む?!

 1 4部構成を意識する ……………………………………… 059
 2 新規制定法（もとの法）と一部改正法 ………………… 064
 3 法律の「生死」 …………………………………………… 065
 4 法律の効力の及ぶ範囲 …………………………………… 069

7章 法律の常識②：関係性をイメージするともっと理解が進む?!

 1 法律の種類 ………………………………………………… 072
 2 公法と私法 ………………………………………………… 072
 3 実体法と手続法 …………………………………………… 076
 4 一般法と特別法 …………………………………………… 078
 5 法令の解釈 ………………………………………………… 081

目　次

8章　裁判の仕組みと判例を知る
：人生のドラマをのぞいてみる?!

1　「裁判の仕組み」に詳しくなろう …………………………… 085
2　判決を読めるようになろう ………………………………… 090

9章　法律ができるまで：法律は汗と涙と知恵の結晶です！

1　ドラマ風「法律ができるまで」 ……………………………… 098
2　法律を作ろうとする動機 …………………………………… 100
3　法案の内容はこうして決められます ……………………… 101
4　法制局の役割 ………………………………………………… 102
5　国会提出までに党内の調整があります …………………… 104
6　いよいよ国会提出です ……………………………………… 105

10章　法令の種類を知る：法律は「社長」のようなもの?!

1　社会と法律 …………………………………………………… 107
2　国の法令・自治体の法令 …………………………………… 109
3　法令類似概念 ………………………………………………… 114

Ⅲ　法律の役割

11章　医療保険と年金：病気や老後はどうしたらいいの?!

1　病気も老後も怖くない：公的保険の話 …………………… 121
2　医療保険の仕組み …………………………………………… 122
3　年金の仕組み ………………………………………………… 127

12章　労働法：働く私の味方?!

1　働く不安をぶっ飛ばせ！ …………………………………… 134

v

2 知っておきたい労働基準法の定め………………………… 135
3 その他の労働法も知っておこう…………………………… 143

13章 民法と消費者法
：普通に生活しているだけでお世話になっている?!

1 世の中の基本知識？：民法……………………………… 148
2 悪徳業者を許さない：消費者法………………………… 153

14章 刑法・刑事訴訟法：悪いことをしたらどうなるの?!

1 刑務所までの道筋？：刑事訴訟法……………………… 161
2 何が犯罪なの？：刑法…………………………………… 165
3 刑法が自由を守るってホント？………………………… 169

15章 憲法・行政法：権力を縛る指示書とは?!

1 憲法って本当は権力に向けられたものなのです………… 172
2 行政法の種類と役割……………………………………… 179

索　引

Ⅰ 法律学習の作法

1章
法律学習の心得
：リーガルマインドのありがたいご利益って?!

1 法律を学ぶことにはどんな意味があるの？

法律を学ぶことは条文を暗記することではありません

「法律を勉強すること＝条文を暗記すること」。そんな風に考えている人がいるかもしれません。しかし，それは違います。だいたい，あんな分厚い六法の条文なんて覚えられるわけがありません。たしかに，50年以上前なら「主な条文を暗記して法律を覚えた」なんて人がいたかもしれません。今にくらべて法律の数がずっと少なかったはずですし，主な法律はほとんど改正されることがなかったからです。なるほど，図書館の片隅で眠る古い六法全書を見てみると，今のものよりずっと「薄い」ことに気がつくはずです。でも今ではそんな芸当はとても無理に違いありません。

図表1－1　有斐閣六法の頁の変遷

1960(昭和35)年	1970(昭和45)年	1990(平成2)年	2015(平成27)年
2026頁	2814頁	3980頁	6554頁

Ⅰ　法律学習の作法

法律を学べば世の中の最低限のルールがわかります

　「暗記して知識にする」というのではないとすれば，法律を学ぶのは何のためなのでしょうか？

　法律は，社会の重要なルールです。ですから，最低限，この社会のルールを知らなくてはなりません。たとえば，野球をするには，「打ったら一塁に走る」とか「スリーアウトで攻守が入れ替わる」などといった基本的なルールを知らないと仲間に入れてもらえないはずです。大阪で有名な「串カツ」を食べるなら，やはり，「ソース二度づけ禁止（一度，口に運んだ串カツは再びソース壺に入れてはいけない）」の意味は最低限知っておくべきなのです。

　民法とか刑法といった「有名な」法令はこうした社会の基本的なルールといえます。「権利を行使しないでいると時効で消えてしまうかもしれないよ」とか「契約が取りたいからといって，公務員にお金やプレゼントを贈ると罪になるよ」といったことは，大人として，知っておかなければならないのです。このように，法律を学ぶことの第1の意味は，世の中の大事なルールを確認することにあります。

法律を学べば自分で調べることができるようになります

　とはいってもです。世の中のルールを全部，知らなければならないわけではありません。野球でもあまり知られていないルールが存在します。たとえば，「ランナーはグランドのどこの部分を走ることができるだろうか？」，「塁間に挟まれたときはどこまで『逃げる』ことができるだろうか？」。野球に詳しい人なら知っているかもしれませんが，たまに遊びで野球を楽し

む程度の人がみんな知っているとも思えません。そんな疑問は，審判に尋ねるなり，ルールブックを見るなりして調べるしかありません。

法律でも同じことがいえます。六法全書があれだけ分厚くなっているのですから，どんなに寝ないで勉強してもすべての条文内容を覚えることなんてできません。しかも，せっかく覚えたとしても，すぐに改正されてしまいます。

法律を学ぶ第2の意味は「調べることができるようになる」ということです。こういうと，血のにじむような努力をして法律を学習している人に怒られそうですが，「おそらく法律で定められているに違いない」，「〇〇法に書かれているかもしれない」。そんな風に「当たり」をつけて紙の六法全書や電子六法を調べられるようになれたら，もうそれで十分なのです。法律の解釈なども含めて，自分が詳しくなんかならなくとも，こうした情報を調べることができて，そのポイントがわかれば，たいがいは問題ありません。

法律を学べば「リーガルマインド」を芽生えさせることができます

法律を学ぶ第3の意味ですが，それは「**リーガルマインドを芽生えさせること**」です。これが本当は法律を学ぶ一番，大きなご利益（りやく）かもしれません。

　　リーガルマインドは，たくさんの法律や条文を通じて身についた正義
　　と公平のストライクゾーンの感覚です。リーガルマインドを身につけ
　　れば，物事を筋道立てて考えることができますし，多くの人が支持す
　　る結論を導くことができるようになります。
　　　　　　　（吉田利宏『元法制局キャリアが教える　法律を読む技術・
　　　　学ぶ技術〔第2版〕』ダイヤモンド社，2007年，24頁）

「悪法もまた法なり」という法格言があります。「内容がヒドイ法律でも法律である以上従う必要がある」ということを示したものです。たしかに，歴史をひも解けば，ヒドイ内容の法律はたくさんあったに違いありません。しかし，現在の日本の法律は少なくとも国民の支持がないと成立しません。法律には，国民の「こういう世の中にしたい」とか「こうしたことを大事にしたい」という思いが詰まっているはずなのです。そのなかには「公平や正義」に対する一応の判断も含まれています。いうなれば，法律には，「正義と公平のストライクゾーン」がちりばめられているのです。そして，法律からこれを読みとって「リーガルマインド」を芽生えさせようというのが法律を学ぶねらいなのです。

　たとえば，民法96条1項には「だまされてした契約は取り消すことができる」という規定があります。契約というのは，正しい判断ができる状態で「契約する？」・「する！」という意思の合致があって成立するものです。ところが「近いうちにこの近くに駅ができるから値上がり確実よ（本当はそんな話はない），土地買わない？」などとだまされて売買契約を交わすなんて場合もあるかもしれません。こうした場合には，「契約する！」という意思にはキズがあるので，「フェアではない」と民法が判断しているわけです。つまり，単に法律というルールを覚えるだけでなく，そのルールがどうしてあるのかを理解してはじめて，公平や正義の感覚を身につけることができます。法律を学ぶことでリーガルマインドが身につけば，物事を筋道立てて考えることができますし，いろんな問題で多くの人が支持する結論を導くことができます。

「ソース二度づけ禁止」のリーガルマインド的理解

　たとえば，串カツ屋の「ソース二度づけ禁止」のルールは何のためにあ

るかです。普通に考えれば「衛生面での配慮」ということになるでしょう。一度，口に入れた串カツです。それをみんなが使うソース壺の中に再び入れるのは問題があります。では，こんな場合にはどうでしょうか？

> S子は初めて串カツ屋のカウンターに座った喜びに浸っていた。壁には噂に聞いた「ソース二度づけ禁止」の張り紙もある。S子は出されたアツアツの串カツをそっとソース壺に浸して引き揚げた。ソースの彩りが鼻をくすぐる。しかし，S子は少しソースが足りなかったような気がしてもう一度さらにソースに浸したい衝動に駆られた。躊躇するS子を例の張り紙が見下ろしていた。ソース壺に串カツを入れようとしたとき，同行のY恵が耳元で囁いた「二度づけ禁止だよ」。

S子は串カツをまだ口には運んでいないのです。「ソース二度づけ禁止」の趣旨は上のようなものであるとすれば，もう一度ソースを浸すことは何ら問題がないといえるはずなのです。それが合理的な結論といえるでしょう。

法律の条文の解釈について，こうした判断ができるようになるのがリーガルマインドのご利益なのです。そして，それは法律などのルールがない場合のトラブルについても解決のヒントを与えてくれるはずなのです。

2　法律を知っていれば就職や資格で有利なの？

法律を学んだことはむしろ就職してから力を発揮します

法律の知識のうちでも12章で紹介する労働法の知識は直接，就職活動に役立つはずです。「ブラック企業」などを見極める基礎知識になるからです。ただ，「法学部出身である」とか「法律に詳しい」ということ自体は，

残念ながら、それほど就職で評価はされないようです。この答え、少し、期待はずれかもしれませんね。でも、少し長い目で見てほしいのです。法律を通じて身につけた「物事を筋道立てて考える習慣」は、これからの仕事のなかできっと役立ちます。とくに、みなさんが会社でたくさんの社員をまとめる立場に立ったり、多くの部署や会社の利益を調整する立場に立ったりしたときに、みなさんを助けてくれる大きな力になることでしょう。法律を学ぶ一番の大きなご利益が「リーガルマインドを芽生えさせること」といったのはそうした意味なのです。

資格分野ではすぐにでも法律知識が役立ちます

「法律を学ぶことですぐ役立つ」といえば、資格分野があります。法律をある程度、知っていることは圧倒的に有利です。司法試験はもちろんですが、司法書士、行政書士などの試験でも法律科目がとても大きなウエイトを占めています。たとえば、行政書士試験では60問題中の46問が法律科目です。しかも、ビジネスや普段の生活とかかわる法律が多いのが特徴です。

また、資格試験での法律科目は図表1-2のように共通するものも多いものです。「いくつもの法律資格に合格した」というような人を見かけますが、共通する法律科目ができる人にとっては、難関試験の合格もそれほど難しいことではないのかもしれませんね。

図表1-2　法律科目が出題される主な資格試験

法律科目	出題される主な資格試験
憲　法	司法試験・司法書士・行政書士
民　法	司法試験・司法書士・行政書士・宅建（宅地建物取引士）・マンション管理士

| 刑　法 | 司法試験・司法書士 |
| 商法（会社法） | 司法試験・司法書士・公認会計士・行政書士 |

公務員試験では圧倒的に有利です

　資格試験ではなく「就職試験」ともいえますが，公務員の採用試験にも法律科目が多く含まれます。職種などによっても違いますが，大卒以上の事務系職種ではそうした傾向が強いといえます。公務員は法律などに従って仕事をするもの，法律資格者と同様，リーガルマインドを大きく育てることができる仕事といえそうです。

図表１－３　地方公務員事務系（大卒程度）の典型的な試験科目

| 教養科目 | 政治・経済，社会問題，日本史，世界史，地理，自然科学（化学・生物など），文章理解，数的処理など |
| 専門科目 | ・法律科目（憲法・民法・行政法・刑法・労働法・商法・国際法）
・経済・経営科目（経済原論・財政学など）
・政治科目（政治学・行政学など） |

3　法律ってどうやって学ぶの？

現実で起こっていることとの関係で考える

　１で「法律は暗記科目ではない」といいました。まずは，「なぜ，そうした法律が必要なのか」，「どうしてそうした条文が必要なのか」，現実で起こっていることとの関係で考える必要があります。
　次に，そうした法律や条文は「何を大切にしようとしているのか」とい

うことに踏み込んで考えてみましょう。それが社会の大切にする「公平や正義の感覚」と結びつき，やがてリーガルマインドの種となります。

ただ，六法全書の条文を見ていても，そうしたことは学べません。「事件は現場で起きている」もの，解決すべき問題は現実の社会で起きているものだからです。

だから，こうして学ぶ！

だから……，法律が生活のなかでどう生かされるか考えてみましょう。この本の11章から15章まではその関係を明らかにするものです。

だから……，条文だけでなく「判例」も学びましょう。判例は，ある事件に対して裁判所が法律を適用させて解決した結果です。そこには法を必要とした「事件」があり，裁判官という法の達人が行った法の解釈があります。8章，9章は，判例を読むための基礎知識となることでしょう。

そして，こんなことにも気をつけよう！

そして……，3章から7章までの知識をもって，自分の頭で考えながら条文を読んでみましょう。

法令用語に気をつけながら，「あ～でもない，こ～でもない」と，条文に込められた意味を考えて，法律の解説書やテキストを読めば，法律読みの腕が上がること請け合いです。というのは，解説書などは，法律のプロである学者などが書いたいわば「法律読みの答え」です。先に読んでしまっては，力がつきません。とにかく，先に自分の頭で考えてみる。そうしたうえで解説書を読めば，ポイントもわかるというものです。

そして……，新聞を読んだり，ニュースを見ましょう。世の中にどんな

問題や事件が生じて，それが，どんな風に解決されたのか，また，解決されようとしているか……。これもまた，社会の大切にする「公平や正義の感覚」を磨くのに役立ちます。

　未来を切り開いたり，キャリアを磨いたりと，法律の知識がきっとみなさんの将来をサポートしてくれるはずです。さぁ，法律の学習を始めますよ！

こんな本も読んでみて

　法学の世界を覗き見するのにいい本があります。木村草太・石黒正数『キヨミズ准教授の法学入門』（星海社新書，2012年）がそれです。ライトノベル風ですが，なかなか深い内容です。

I　法律学習の作法

2章
法律学習の道具
：無料(タダ)で調べることができるってホント?!

1　六法を揃える：「武士の刀」というけれど

六法への思い

　法制局で勤め始めた頃のことです。先輩がこういいました。「六法はいいのを買っておけよ，『武士の刀』みたいなものだからな」。職場で使う六法はもらえるのです。しかし，家で調べたりするような場合もあるので，たいがいの職員はこれとは別に六法を持っています。

　就職したとはいえ，手取りは10万円ちょっと，牛丼に「おしんこ」をつけるかどうかで悩んでいた頃です。さすがに1万円近くする六法の購入には躊躇しましたが，「プロになったのだから……」と思って5000円ぐらいの六法を買いました。これなら，普通，問題となりそうな法律はだいたい載っています。

　さて，それから30年近く経ちました。六法について「変わってないこと」，「変わったこと」，いくつかお話しようと思います。

インターネット六法の登場で紙の六法が苦戦しています

　2013(平成25)年7月,「岩波書店,六法全書の刊行を終了　ネット普及で需要低迷」との見出しで以下のような記事が新聞にありました。

> 岩波書店が六法全書の刊行を,昨秋に出した「平成25年版」を最後に終了したことが22日,明らかになった。日本の六法(憲法,民法,商法,刑法,民事訴訟法,刑事訴訟法)など主要な法令を収めた辞典で,1930年の初版以来80年以上刊行を続けていたが,インターネットの普及により需要が低迷していた。　　　　　　（日本経済新聞2013年7月22日）

　この記事,かなりショックでした。岩波の六法といえば,長い伝統のある渋め(!?)の六法で,固定ファンも多かったはず。だいたい,法律専門職の人は六法の浮気をしないものです。毎年,同じ六法を買う。そういうものなのです。となると,別の六法に乗り移ったのではなく,そもそも紙の六法離れが進んでいるということになります。記事にも「インターネットの普及により需要が低迷していた」とあります。現在,一般的な紙の**六法全書**は主に2つの出版社から出されています。そのひとつが「有斐閣」であり,もうひとつが「三省堂」です。平成27年版でのラインナップを比べるとこんな感じです。

図表2－1　主な六法の比較（価格は税込み）

有斐閣		三省堂
六法全書 (12960円)	最重量級	
有斐閣判例六法 Professional (5832円)	判例付き重量級	模範六法 (5832円)
有斐閣判例六法 (2900円)	判例付きコンパクト	模範小六法 (2808円)
ポケット六法 (2000円)	コンパクト	デイリー六法 (1944円)

013

Ⅰ　法律学習の作法

　この2社が六法においてはライバルなのです。ただ，2社には共通する強力なライバルがいます。それがインターネット上の六法です。なかでも，総務省が電子政府の一環として運営している「**法令データ提供システム**」（http://law.e-gov.go.jp/cgi-bin/idxsearch.cgi）は恐るべき存在です。なんせ無料で利用できるのですから。

紙の六法とインターネット上の六法を上手に使うのがコツです

　インターネット上の六法の一番いいところは「法改正の更新が早い」ということです。たとえていうなら，紙の六法は「毎年，撮影する家族写真のようなもの」です。1年ぐらいたっても大人は少し白髪が増えたぐらいで，あまり変わりません。しかし，子どもはまったく変わってしまいます。とくに成長期の子どもと別人のようです。

　法律も同じで，あまり変わらない法律もありますが，現在，制度改正が行われている分野の法律は1年ですっかり変わってしまいます。ですから，「法改正の更新が早い」というのはとても大事なことです。

　年度版の六法の場合，編集に必要な期間も含めて最大で1年3か月程度のタイムラグ（時間的なズレ）が生じる可能性があります。この情報のズレは時には致命的な遅れになる場合もあります。これに対して「法令データ提供システム」の場合には，1か月程度の遅れしかありません。心配なときは，やはり，インターネット上の六法で確認しておくと安心です。

　とはいうものの……，「紙の六法」だっていいところはあります。まず，いくつかの法律を比べながら読むのには紙の方が断然，見やすいです。また，六法によっては，条文のあとに「プチ情報」が載っています。判例付きの六法だと条文のうしろに関連する判例のダイジェストが載っていますし，「別に法律で定めるところにより」などと条文にある場合，それはど

の法律を指し示しているのか注記があったりします。こうした「おせっかい」は，なかなか「使えます」。

その意味で，紙の六法も1冊は持っておきたいものです。「紙の六法」の使い勝手の良さは，法律を知れば知るほど増えてくる感じがします。

紙の六法の魅力を引き出す書籍もあります

「紙の六法をもっと買ってもらいたい！」。そうした気持ちからでしょうか，有斐閣や三省堂では，六法と合わせて読むと楽しい書籍を発刊しています。次の書籍がそうです。紙の六法の新年度版が発売される頃，書店の店先で六法と一緒に売られているところを見た人もあることでしょう。値段も1000円でお釣りがきますし，分量も手ごろです。六法と同時に購入したくなる衝動に駆られます。

- 法制執務用語研究会『条文の読み方』(有斐閣，2012年) 800円＋税
- 三省堂編修所『ひと目でわかる　六法入門』(三省堂，2013年) 800円＋税

ビジネスの世界では，やはり「分野別六法」が欠かせません

先に紹介した新聞記事にあるように**六法**というのは，国の基本的な法律(あくまでも六法ができた当時の基本的な法律です)である憲法，民法，商法，刑法，民事訴訟法，刑事訴訟法などを掲載した法令集という意味です。ところが，今では「法令集」という意味で「六法」という言葉が使われています。『登記六法』，『教育六法』，『医療六法』，『税務六法』，『地方自治六法』などがそれです。それぞれの分野の仕事で役に立つ法令集といったところです。ビジネスの世界では，法律ばかりでなく，その内容をさらに細かく定めた「政令」や「省令」，場合によっては法律の運用のポイントを記

した「通達」などが必要な場合があります。分野別の六法はこうした法令などまで詳しく掲載しているところが，手元に置いておきたくなる理由なのでしょう。

　さらに，これも広い意味では「**分野別六法**」に数えられるかもしれません。資格試験を目指すための六法も数多く出版されています。『〇〇士受験六法』といったものです。こうした六法の特徴は，受験に必要な法令だけを掲載しているところにあります。さらに，過去に試験に出題された条文には出題年度が記載されているなど，受験生心をくすぐる工夫も見られます。

2　新聞やニュースの使い方

佐々木さん転属の真相

　「今度，佐々木君は編集部を離れ特別社史編纂室の係長に転属になりました。佐々木君の歴史についての造詣の深さに注目してのことです」。

　編集長がみんなの前で佐々木君の「栄転」を伝えました。一斉に拍手をして佐々木君を送り出したあとの編集部では早くもヒソヒソ話が始まりました。
A：「佐々木さんてさぁ，編集長と意見が合わなかったんだって」
B：「へぇ，そうなの」
C：「でも，佐々木さん，前の社長の肝入りで編集部に入ったんでしょ」
A：「だから，社長の退任に合わせて特別社史編纂室なのよ」
B・C：「そおっか〜」

人間世界には必ず本音と建前があるものなのです。

法律にも本音と建前があります。新聞報道から本音の部分に触れることができます

　本音と建前は，法律の制定や改正についてもあります（あるはずです）。

　もし，そうであっても，「選挙も近いし○○業界の強い要望があって法改正します」とか「10％という意見と６％という意見の間をとって８％にしました」などと国会では決して説明できないはずです。国会の議論などでは，どうしても「建前」中心の議論になります。野党からすれば本音の部分を引っ張り出して議論したいところでしょうが，なかなか簡単には切り崩せません。

　そうした本音の部分から法律の制定や改正の情報を知ることができるのが新聞やニュースといった情報です。法改正などに向けた途中経過を知らせてくれるので，そこから本当の法律のねらいが見えてきます。

「用語解説」や「これまでの経緯」などの記事はお宝ものです

　また，新聞でとくに役に立つのが「用語解説」や「これまでの経緯」です。たとえば，地方議会での政務活動費の使い方が問題となる事件が起きたとします。すると，「政務活動費とはどんなものか」といった説明や「これまでの政務活動費をめぐる法改正」などをまとめた表などが掲載されるはずです。とてもよくまとまった資料です。こんな資料を自分で作ろうと思うとたいへんです。こんな「お宝」を見つけたら，切り取って保存です。条文ばかりでなく，その背後の情報も手に入れると楽しく法律を理解できるというものです。ここぞというときに「知ったかぶり」もできます。

3　ネット上の法情報を上手に使おう

> すごく役立つ情報もあるが，信じちゃいけない情報もあります

　これは法律に関する情報に限ったことではありませんが，インターネット上の情報にはすごく役立つ情報もあれば，信じてはいけない残念な情報もあります。法律の条文や解釈について調べるときもこのことに注意しましょう。では，どうやって役立つ情報にアプローチするかです。ひとつは検索の際，**ドメイン名**で振り分けるという手があります。ドメイン名というのは「インターネット上における住所のようなもの」のことです。国の機関などのサイトの場合には末尾に「go.jp」がつきますし，「lg.jp」とあれば自治体（公共団体）のサイトです。ちなみにそれぞれ，「ガバメント・ジャパン」，「ローカルガバメント・ジャパン」を意味したものです。ですから，グーグルなどで検索する際に，検索対象をこうしたドメイン名をもつサイトに限るようにすればいいのです。

　ちなみにグーグル検索の場合には，検索結果の一番右上にある「歯車」のしるしをクリックして「検索オプション」を開きます。すると，ドメイン名での検索結果の絞り込みができるようになっています。

　ただ，信頼できるドメイン名からの情報でも，古い情報の場合には役立たないかもしれません。古い情報をできるだけ避けるための方法も検索テクニックとして可能です。「期間指定」をして検索するという方法がそれです。グーグル検索なら，検索結果の画面のすぐ上にある「検索ツール」のタブをクリックしてみてください。「期間指定」可能なタブが出てきますので，そこで指定が可能となります。「1か月以内」，「1年以内」などいろいろと指定することができます。

定番のサイトを使いこなす①:「法令データ提供システム」を使う

　ここでは定番の法情報サイトを2つ紹介します。読んでいるだけではこれらのサイトを使えるようになりませんから、パソコンを立ち上げて一緒に調べ物をしましょう。

　先ほど紹介した総務省の「法令データ提供システム」です。使い方は2つあります。まず、ある用語がどの法令で使われているかを調べる使い方です。それには「法令データ提供システム」の上の窓（法令用語検索）に文字を入れてみましょう（図表2-2）。

　ここでは「政務活動費」という用語を入れてみました。すると、図表2-3のようにこの用語を使っている法令の条文箇所が1か所あることがわかります。どうやら、これが根拠条文のようです。

図表2-2　検索画面（法令データ提供システム）

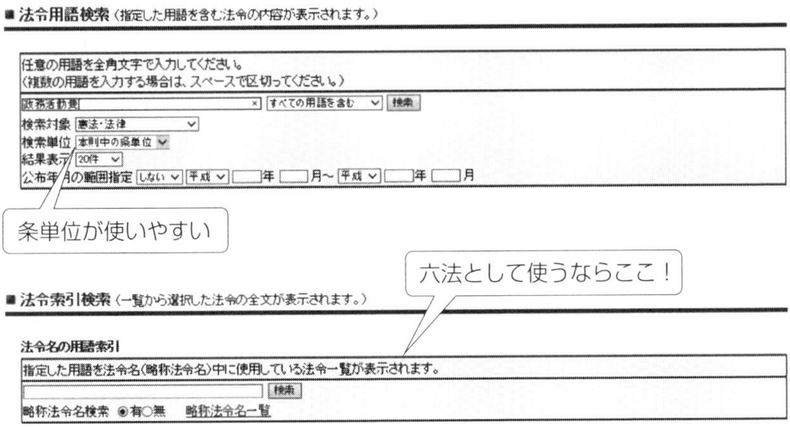

Ⅰ　法律学習の作法

図表2－3　検索結果画面（法令データ検索システム）

用語検索結果一覧画面		
該当法令名	該当法令番号	条番号
地方自治法	(昭和二十二年四月十七日法律第六十七号)	第百条

検索指定用語「政務活動費」AND検索(憲法・法律)
該当件数 1件中 1～1件分を表示しています。

　六法として使う場合には下の窓（法令索引検索）に見たい法令の名前（題名）を入れます。すると全条文が掲載されます。

> **定番のサイトを使いこなす②：調べ物に困ったら「国立国会図書館サーチ」**

　調べ物に困ったら「**国立国会図書館サーチ**」です。調べたいことに関する書籍，論文などを調べてくれます。試しに「政務活動費」を入れてみました。

　「調べたいことが○○という雑誌の×ページに掲載されている」。それがわかっても「図書館に調べにいくのが正直，面倒」かもしれません。また，「近くに大きな図書館がない」という場合もあるでしょう。そんなときには，コピーを国立国会図書館が送ってくれるサービスもあります（有料）。あらかじめ，登録することが必要ですが，その手続は国立国会図書館サイトのトップページの右上の「複写サービス」をクリックして行うことができます。

2章　法律学習の道具

図表2−4　トップページ画面（国立国会図書館サーチ）

政務活動費についての検索結果は次のようなものでした。法律関係の調べ物の場合には「新しい順」に並べかえるのがコツです。

図表2−5　検索結果画面（国立国会図書館サーチ）

Ⅰ　法律学習の作法

🖤こんな本も読んでみて🖤

　拙著ですが，条文読みのスキルを深めたいと思ったら，以下の書籍もいかがでしょう。

- 『元法制局キャリアが教える　法律を読む技術・学ぶ技術〔第2版〕』（ダイヤモンド社，2007年）
- 『元法制局キャリアが教える　法律を読むセンスの磨き方・伸ばし方』（ダイヤモンド社，2014年）

　また，ネットを使った法令の調べ物ガイドとして，ロー・ライブラリアン研究会 編『法情報の調べ方入門』（日本図書館協会，2015年）が手元にあると便利です。

3章
法律学習の意義
：強制力があるから法律は法律たりうる⁈

1　法律って何だろう？

世の中にはいろいろな「ルール」があります

　「宿題が終わらないとテレビを見てはダメ」。よく親にそういわれていました。「アイドルグループにいる間は恋愛禁止！」，黒ぶちめがねのおじさんはこう命じます。「シルバーシート付近では携帯電話のご使用をご遠慮ください」。電車の中の掲示は少し「遠慮がち」ですが，その内容は携帯の使用禁止を定めたものといえるでしょう。

　ただ，「これらが何なのか？」と尋ねられると意外に難しいものです。家でのテレビの禁止は親の教育の範囲でしょう。黒ぶちめがねのおじさんは親ではありませんから，恋愛禁止は教育目的ばかりでないかもしれません。アイドルグループの一員であるための一種の契約という可能性もあります。となると，契約違反者はアイドルグループを去らねばなりません（それがいいのかどうか議論はあるところです）。シルバーシートの近くの掲示は電車に乗るに当たっての契約の一種でしょうか。ただ，守らなければ電車を降りてもらうというわけにはなかなかいきませんので，やはりマナーを

Ⅰ　法律学習の作法

呼びかけたものとも考えられます。となると控え目の表現も納得できます。
　ところが,「自動車運転中に携帯電話を利用してはいけない」となると,これは守らなければなりません。違反に対する罰則もあります。法律（道路交通法71条5号の5）に定められているからです。「俺,そんな法律,知らなかった」といってもダメなのです。刑法38条3項には「法律を知らなくても許されない」とあります。

○ 刑　法
　（故意）
　第38条　1・2 略
　　3　法律を知らなかったとしても,そのことによって,罪を犯す意思がなかったとすることはできない。ただし,情状により,その刑を減軽することができる。

> 「法律」は従う意思を示さなくても従わなければならないものです。それが「契約」との違いです

　では,同じルールであっても「契約」と「法律」とではどのように違うのでしょうか。契約というのは特別のことではありません。当事者の合意についての約束をいいます。「殺人請負契約」のように社会的に許されない契約は無効ですが,基本的にお互いが合意した内容が契約として成立します。「毎日,朝6時に僕の足をくすぐりに来てください。毎晩,から揚げをあなたに5個あげるから」でもいいのです。そんな申込みに相手がうんといったら,一方には毎朝,足をくすぐる義務が生じますし,くすぐられた方は毎晩,から揚げを5つ渡す義務を果たさなければなりません。契約の場合,こうした義務が生じる源は「お互いの意思の合致」にあります。
　ところが法律の場合は違います。「運転中は携帯電話を禁止していい

よ」などと国と合意していないのに法律が定められます。そして，「いいよ」といっていないだけなく「知らない」ルール違反にも刑罰が科せられることがあるというのです。なんだか，注文もしていないピザが配達されて，その代金を請求されたときのような不本意な気持ちになる人もあるかもしれません。しかし，考えてみると法律は私たち国民の代表である国会が定めたものです。そして，憲法は，この国会に法律を作る権限を与えたのです。だから，「俺知らないから俺従わない」ということはできません。違反者に対する罰則も含めて「知らない」とはいうことができないのです。罰則はその最たるものですが，国民の代表が定めたからこそ国民の権利を制限し，義務を課すことができます。逆にいえば，国が国民の権利を制限したり義務を課したりする場合には国会が定めた法律によらなければなりません。その地域だけの法律のようなものに「**条例**」というものがありますが，これはまた10章で詳しくお話しましょう。

2 みんなに法律を守ってもらうにはどうすればいいだろう？

おにぎりの中身は梅じゃないといけないの？

ちょっと次の条例を見てください。和歌山県みなべ町というところの本当の条例です。ここは紀州梅の産地，そこで「おにぎりの中身は梅干しにしてほしい」という気持ちを込めて条例を作ったというわけです。

○ みなべ町紀州南高梅使用のおにぎり及び梅干しの普及に関する条例
（町民の協力）
第4条　町民は，「梅干しでおにぎり」及び梅干し等の梅製品の普及促進に協力し，町民自らの健康の増進に努めるものとする。

I　法律学習の作法

「梅干しでおにぎり」というのは紀州南高梅を使用したおにぎりを指しているそうですが、もし、「町民は『梅干しでおにぎり』を作らなければならない」なんて規定だとしたらどうでしょうか。「梅干しもいいけれど昆布の方がいい」とか「梅干しは梅干しでも茨城産がいい」なんて場合には条例違反になってしまいます。みんなに隠れて屋根裏部屋で昆布入りのおにぎりを食べることになるかもしれません。

法は「自然法」に照らして法でなければならないのです

すでに述べたように、「悪法も法なり」なんて法格言があります。内容は妥当ではなくても正しい手続で定められた法なら従うべきだという考え方です。ただ、その一方で、法が法であるためには妥当な内容でなければならないという考え方もあります。妥当というのは、人間社会の根源的なルールを踏み外していないといったことです。このルールを「**自然法**」と呼ぶ場合があります。もし、手続的には正しくても、自然法に反するルールなら、それは法として認められないと考えるのです。

「おにぎりの中身ぐらい自分で選ぶべき」。そう考えると、「梅干しでおにぎり」を義務づける条例など従う必要がないということになります。「おにぎりの中身」ぐらいで「自然法うんぬん」というのは大げさかもしれませんが、もし、社会保障費の伸びが大きいからと政府が「姥捨てを義務づける法律」を制定したらどうでしょう。いくら法律であってもそんな法律には従う必要はあろうはずがありません。となると、国民の代表が制定するというだけではなく、法律には妥当な内容が備わっていることが必要といえそうです。

> 法の本質は強制力にあります。強制力のない法は燃えない火のようなものです

　ただ、妥当な内容であっても従ってもらえない法では意味がありません。「俺、長生きするつもりがないから年金の保険料なんて払わない」とか「私はこの美貌で生きていけるので、税金は払いたくない」なんて、めいめいがい始めたらちょっと収拾がつかなくなります。

　19世紀のドイツの法学者に**イェーリング**という人がいますが、この人がうまいことをいっています。「強制力のない法は燃えない火のようなものだ」というのです。私もいいます。「強制力のない法はタコの入っていないタコ焼きのようなものだ」と。

　つまり、法というルールの本質は強制力を伴っていることなのです。強制力といっても、罰則のような「おしおき」ばかりでなく、補助金のように求められる行為を行ったときのプラスの動機づけを図る行為も含みます。こうした法を守らせる力は法に欠かせないのです。

> 法は道徳と比べられますが、両者には微妙な違いがあります

　よく、法は**道徳**と比べられます。道徳も「人を殺してはいけない」とか「人をだましてはいけない」といったことを説きます。その意味では法とダブる部分があります。しかし、「人をだましてはいけない」という裏には「誠実に生きなければならない」という思いがあるはずです。行為に関するルールを「**行為規範**」といいますが、法が「〇〇してはならない」という場合には、「そういう行為をしてはならない」という意味において、外面的な行為規範ということができます。極端なことをいえば、心の中でどんなにひどいことを考えていても、行為として表現しなければ法に反する

ことはありません。ところが、道徳が「○○してはならない」という場合には「そういう心持ちでなければならない」という点が重要です。一番大事なところは「心持ち」なのです。

マリモ好きの少年が水族館で大きなマリモを見て「こんな大きなマリモが自分のものだったらなぁ……。警備も手薄だし盗めるかなぁ」と思ったとします。これは道徳に違反するかもしれませんが、法違反ではありません。マリモに手をつけたら、はじめて法の領域に足（手）を踏み入れます（そんなことは絶対にいけませんよ！）。

また、ルールに反したときの対応も、法と道徳では違います。道徳に反する場合には自分の心が痛んだり、時には他人に非難されることがあるでしょうが、「正しいこと」を社会から強制されることはないでしょう。そもそも道徳を強制するなんて不可能なことなのです。

「猫大好き条例」について考えてみてください

さて、これまでお話したことを踏まえて次の事例を考えてみてほしいのです。みなさんならA・Bどちらの学生に共感できるでしょうか？

事　例（フィクションです）

猫がたくさんいることで有名なある町でのことです。この町の町長さんは占い好き。ある日、占いをしてみると「町が発展するようもっと猫を大切にしなさい」とのお告げが出ました。そこで、町長さんは「猫大好き条例」を議会に提案し制定しました。この条例の第3条には「かわいい猫のいやがることをしてはいけません」という条文があり、これに違反した場合には5万円以下の過料に処せられると定められています。町長さんは「猫を大事にすることは動物愛護の精神に

沿うし，何より猫の町としてわが町の知名度を上げることになる」と議会で説明しています。この条例について，A・B2人の男子大学生が話題にしました。

会　話

A：だいたい猫だけを大事にする条例なんておかしいよ。

B：それは理屈があれば「あり」でしょう。一種の町おこしと考えればいい。この町，猫で有名なんだぜ。

A：でもさぁ，猫好きを押しつけるのはどうかな。個人の好みの問題だろ。俺は犬の方が好きだな……。

B：無理に猫を好きになれって条例じゃないよ。ただ，猫を大切に扱えってことだと思う。それより「かわいい猫」なんて猫を限定しているように読めることや，「いやがることをしてはいけません」とあるけれど「いやがること」がハッキリしていない点の方が法としては問題じゃないの。

A：それは大丈夫だよ。「かわいい」と感じたらそれは「かわいい猫」なんだし，「いやがっているかどうか」だって猫のしぐさでわかるでしょ。少なくとも猫好きなら，猫はみんなかわいいと感じると思うし，猫のしぐさだって見極められると思うよ。

B：でも，罰則まで科すのはどうかな。たとえば，「町長が町のためふさわしくないと認める行為をしてはならない」なんて条例に書けないでしょ。行為を禁じるのなら誰の目にもハッキリしたものでないとダメだよ。

A・B：どちらにしても条例（法）としては落第だね。

回答へのアプローチ

　Bの指摘の方が的確なように思います。というのは，法は外形的な行為規範です。まず，「どんな行為をしなければならないのか」，「ど

んな行為をしてはならないのか」がハッキリしなければなりません。そのうえで、そうした行為規範を定める目的が妥当なものでなければならないはずです。「猫が好きだから条例を定める」、「占いの結果が出たので条例を定める」ではお話になりませんが、「一種の町おこし」と考え猫を大切にしようとすることは目的として「おかしい」とまではいえません。この部分は賛否両論でしょう。ですから、問題は条文の書き方ということになります。

3　法令用語が必要なわけ

法令用語を知らないと条文はへんてこにしか読めません

法律を勉強するに当たって「壁」になるのが**法令用語**です。なかには日常用語と同じなのに法令で使われる場合には特殊な意味になるものがあります。たとえば「**善意**」という用語です。普通、使う場合には「相手のことを思う心」といった意味になります。ところが、法律で使う場合には「事情を知らない」という意味となります。また、「**対抗する**」というのは日常用語では「張り合う」とか「競い合う」という意味の言葉です。ところが法令用語では「自分の主張を通す」という意味になります。

図表3-1　日常用語と意味の異なる法令用語

日常用語		法令用語
相手のことを思う心	善　意	事情を知らないこと
張り合う・競い合う	対抗する	自分の主張を通す

たとえば、民法112条には「代理権の消滅は、善意の第三者に対抗することができない」という条文があります。これを日常用語として翻訳する

と次の表にあるような「へんてこな日本語」となります。できそこないの翻訳ソフトで英語を翻訳したような感じです。しかし,「善意」や「対抗する」といった法令用語が理解できていれば,この部分だけ取り出しても,そこそこ意味を理解することが可能です。だから基本的な「法令用語」の理解は必要なのです。

図表3－2　日常用語と意味の異なる法令用語の具体例

日常用語としての翻訳!?		法令用語としての翻訳!?
代理権が消滅したということは,相手の気持ちを思いやる第三者に競い合うことはできません	代理権の消滅は,善意の第三者に対抗することができない	代理権が消滅したということは,その事情を知らない第三者には主張することができません

法令用語はどうしても必要です

「法令用語なんてなくなってしまえ！」。多くの人がそう思っているに違いありません。おそらく,街かどで「法令用語の廃止を求める署名活動」をしたら,たちまち署名が集まることでしょう。しかし,法令用語はどうしても必要なのです。それは誰が読んでも同じように条文を理解するために欠かせないものだからです。日常用語はある意味「垢」がつきすぎています。いろいろな意味に使われすぎて,受け手にとっての理解が違ってしまうこともしばしばです。

たとえば,若い人が使う「ヤバくない」という言葉です。素晴らしいものに出会ったときには少し驚いた感じで「ヤバくない！」といいますが,相手を少し非難めいていうときも「ヤバくない」ですし,相手と不安を共有したいときも眉間にしわを寄せて「ヤバくない」といいます。声の調子

や大きさでの微妙な使い分けで幾通りもの意味があり，同世代の間ではそれなりにうまく通じます。しかし，他の世代の人には意味が通じないかもしれませんし，文章にしたら何を伝えたいのかサッパリわかりません。まず，こうした言葉は法令用語としては「失格」です。ただ，これほど極端でなくとも，多くの日常用語に大なり小なり意味の「ブレ」が備わっているものです。

　また，「善意」が「事情を知らないこと」を意味するといいましたが，「それなら善意なんて法令用語をやめて『事情を知らない』に統一してはどう？」と思うかもしれません。これはこれで問題があります。「事情を知らない」という言葉は日常生活のなかでよく使われますが，「事情を知らない」ことに同情する文脈のなかで使ったり，「事情を知らない」ことを非難する意味で使ったりすることがあります。こうしたことに慣れていると，「事情を知らない」とある場合には，人は自然に背景の事情を考えてしまうのです。法令用語である「善意」は一種の記号です。「事情を知らない」ことについての評価とは無関係の客観的に「事情を知らない」状態であることだけを伝えたいのです。こうしたことから「善意」という用語を使うのです。

　ですから，法令用語がわからなければ，本当の意味で条文の理解はままならないことになってしまいます。

　30年前，法律の解説書やテキストを読んでわかった気になっていた自分に，「条文をちゃんと読め」と大学の先生が注意してくれました。もう遅いのですが，今頃になってその意味がわかってきました。

4　条文を見てみよう

条文のパーツ名を知らないと恥ずかしいもの。さあ，確認です

さて，最後は条文のパーツ名を確認しておきましょう。「あれ，あれ，条文の前にカッコ書きで中身を要約したやつ，なんていったっけ」，「ああ，『**見出し**』のことね」。これじゃ，少しカッコ悪いですものね。

具体的なパーツ名は下の図表3－3で確認してください。少し簡単に説明しておきますね。まず，法律の名前のことを「**題名**」といいます。また，20条を超えるような法令には題名の次に「**目次**」がついています。ただ，何条以上なら目次をつけなければならないという正式なルールはありません。このあたりは意外にアバウトです。目次がついているような条文数が多い法令は「**章**」に分けるのが普通です。

条文は「**条**」が単位になりますが，条の内容を段落で分けたものを「**項**」といいます。また，「次の各号に掲げる」のように事柄を列記する場合には，列記しているひとつひとつを「**号**」と呼びます。

図表3－3　条文の見方

◯ 行政手続法　←①題名
　目次
　　第1章　総則（第1条—第4条）
　　第2章　申請に対する処分（第5条—第11条）
　　第3章　不利益処分
　　　第1節　通則（第12条—第14条）
　　　第2節　聴聞（第15条—第28条）

I 法律学習の作法

　　　第3節　弁明の機会の付与（第29条―第31条）
　　第4章　行政指導（第32条―第36条の2）
　　第4章の2　処分等の求め（第36条の3）
　　第5章　届出（第37条）
　　第6章　意見公募手続等（第38条―第45条）
　　第7章　補則（第46条）
　　附則

②章名

　　　第1章　総則
（目的等）　③見出し
第1条　この法律は，処分，行政指導及び届出に関する手続並びに命令等を定める手続に関し，共通する事項を定めることによって，行政運営における公正の確保と透明性（行政上の意思決定について，その内容及び過程が国民にとって明らかであることをいう。第46条において同じ。）の向上を図り，もって国民の権利利益の保護に資することを目的とする。

④1条1項

　2　略　⑤1条2項

○ 個人情報の保護に関する法律
（認定の取消し）
第48条　主務大臣は，認定個人情報保護団体が次の各号のいずれかに該当するときは，その認定を取り消すことができる。
　一　第38条第1号又は第3号に該当するに至ったとき。
　二　第39条各号のいずれかに適合しなくなったとき。
　三　第44条の規定に違反したとき。
　四　前条の命令に従わないとき。

⑥48条1項1号

五　不正の手段により第37条第1項の認定を受けたとき。
２　主務大臣は，前項の規定により認定を取り消したときは，その旨を公示しなければならない。
第59条　次の各号のいずれかに該当する者は，10万円以下の過料に処する。
　　一　第40条第1項の規定による届出をせず，又は虚偽の届出をした者　⑦59条1号
　　二　第45条の規定に違反した者
※自治体の例規では号は⑴⑵を使うことが多いです。

こんな本も読んでみて

　すごい先生が書いているのにスラスラ読めるのが伊藤正己・加藤一郎 編『現代法学入門』(有斐閣双書，2005年）です。学生だけではなく，一般の人にとっても法学の考え方や全体像を知るために最適の書です。

I 法律学習の作法

4章
法令用語ひとかじり①
：条文は仕組みがわかればスイスイ読める?!

1 法令用語の基本をものにしよう

> 条文を理解するために法令用語の理解は欠かせません。そこで，「覚えておいて損はない」法令用語を紹介します

　前章でもお話したように，条文を理解するために法令用語の理解は欠かせません。図表4－1に挙げたような用語が瞬間的に「翻訳」できるようになると条文の理解が早まります。

図表4－1　基本的な法令用語①

要件	必要な条件のこと
当該(とうがい)	その，まさにその
公序良俗	「公の秩序又は善良な風俗」の略語。「公序良俗違反」などと使われる。
瑕疵(かし)	キズ（物理的なキズにも法律的なキズにも使う）

[親切な解説]
　たとえば，家を買ったら外から見えない部分でシロアリが繁殖していたとか

(物理的な瑕疵)，土地を買って家を建てようとしたら法令で家を建てることが制限されている土地だったとか（法律的な瑕疵）の場合にも，「瑕疵」という用語が使われます。キズというと，物理的なものを，しかも，「柱についた傷」のようなものを思い浮かべてしまいますが，およそ備えるべきことを備えていない不十分な状態を瑕疵と表現します。

図表4－2　基本的な法令用語②

第三者	（事件や契約などの）当事者以外の者
対抗する	主張を通すこと
工作物（こうさくぶつ）	人が作業によって作った物のこと。建物は代表例

> 法令用語の場合，違いを意識しながら対で覚えるという方法が有効です。いくつか大事な法令用語を対で挙げてみます

図表4－3　対で覚えたい基本用語①

過　失	落ち度，不注意，うっかり
故　意	「わざと」すること

図表4－4　対で覚えたい基本用語②

善　意	事情を知らないこと
悪　意	事情を知っていること

[親切な解説]

　これらの法令用語は組み合わせても使われます。たとえば，「善意無過失」は事情を知らず，知らないことに落ち度がないことです。

Ⅰ 法律学習の作法

図表4−5 対で覚えたい基本用語③

自然人	「人間」のこと
法 人	自然人以外で法律上の権利義務の主体となるもののこと。法律が作った人だから法人

[親切な解説]

たとえば、会社は法人です。会社の名前で契約を結んだりできるのはそのためです。都道府県や市町村も法人です。地方自治法2条1項には「地方公共団体は、法人とする」とあります。

図表4−6 対で覚えたい基本用語④

不動産	土地とその定着物（建物、樹木など）のこと
動 産	不動産以外の物のこと

図表4−7 対で覚えたい基本用語⑤

血 族	「生まれたこと（養子になったこと）」によって血縁につながる者のこと
姻 族	「婚姻をしたこと」によってつながる配偶者の血族や血族の配偶者のこと

[親切な解説]

親族とは「6親等以内の血族」、「配偶者」、「3親等以内の姻族」をいいます。養子によって発生する血族を「法定血族」といいます。

図表4−8 対で覚えたい基本用語⑥

嫡出子	婚姻関係に「ある」父母から生まれた子
非嫡出子	婚姻関係に「ない」父母から生まれた子

図表4−9　対で覚えたい基本用語⑦

期　限	法律行為の効力の発生や消滅が「将来の確実な事実」次第であるときのその確実な事実のこと
条　件	法律行為の効力の発生や消滅が「将来の不確実な事実」次第であるときのその不確実な事実のこと

[親切な解説]

　「3月になったら，車をあげる」の「3月になったら」は期限です。「合格したら車をあげる」の「合格したら」は条件です。「私が死ぬまで使っていいよ」の「私が死ぬまで」は期限です。人は必ず死ぬものだからです。

図表4−10　対で覚えたい基本用語⑧

違　法	法令に違反していること
不　当	妥当ではないが，法令に違反しているとまではいえないこと
不適法	形式的に法令に反していること

[親切な解説]

　下の条文を見てください。行政事件訴訟法10条1項は「違法」とあります。一方，行政不服審査法1条の方は「違法又は不当」とあります。行政不服審査法の対象の方が広いことがわかります。労働審判法6条は「不適法」とありますが，「本来，申立てできないことを申立てした」とか，「申立てに必要な記載事項が記されていない」などの場合が考えられます。

◯　行政事件訴訟法
　（取消しの理由の制限）
　第10条　取消訴訟においては，自己の法律上の利益に関係のない違法を理由として取消しを求めることができない（傍点著者，以下同様）。
　2　略

Ⅰ　法律学習の作法

◯ 行政不服審査法
（この法律の趣旨）
第1条　この法律は，行政庁の違法又は不当な処分その他公権力の行使に当たる行為に関し，国民に対して広く行政庁に対する不服申立てのみちを開くことによつて，簡易迅速な手続による国民の権利利益の救済を図るとともに，行政の適正な運営を確保することを目的とする。
2　略

◯ 労働審判法
（不適法な申立ての却下）
第6条　裁判所は，労働審判手続の申立てが不適法であると認めるときは，決定で，その申立てを却下しなければならない。

図表4－11　対で覚えたい基本用語⑨

棄却（ききゃく）	訴えなどの内容が検討されたのち，理由がないとして退けられること
却下（きゃっか）	訴えなどの形式や手続が不備なものとして，内容を検討されずに退けられること

[親切な解説]
　不適法な訴えなどは「却下」されます。却下判決は内容を審査してもらうまで進まず退けられるので「門前払い判決」などと表現されます。

図表4－12　対で覚えたい基本用語⑩

署　名	自らの氏名を書くこと。「自書」が署名の要素
記　名	書類などに作成者の責任を明らかにするために，氏名を記すこと

[親切な解説]
　「記名」の場合には「自書」でもいいですし，他人が書いてもいいですし，印刷でもスタンプでも構いません。

なお，署名とともに印を押すことを求められるのが「署名押印」で，記名とともに印を押すことが求められるのが「記名押印」です。「押印^{おういん}」に代えて「捺印^{なついん}」の言葉を使う法令も見られますが，これは「押印」の古い表現で，意味は同じです。

図表4−13　対で覚えたい基本用語⑪

謄本^{とうほん}	原本の内容を完全に写しとった書面のこと
抄本^{しょうほん}	原本の一部を写しとった書面のこと

[親切な解説]

　戸籍の記載内容の全部が書かれた写しが「戸籍謄本」です。これに対して戸籍の記載内容の一部が書かれた写しが「戸籍抄本」です。

2　条文の構造を見抜く用語

> 条文の構造を見抜く用語がわかれば，言葉のかかり具合などがハッキリわかります

「又は・若しくは」

例1　「A，B又はC」

　「AかBかC」という意味で使う場合には，「A，B又はC」と最後の選択肢の前だけ「又は」を使い，あとは「，」でつなぎます。

[日常用語に置き換えた例]

　このチケットで，「チーズバーガー，ポテト又はコーヒー」と交換できます。

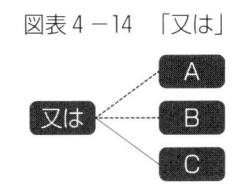

図表4−14　「又は」

```
         ┌─ A
   又は ─┼─ B
         └─ C
```

041

Ⅰ　法律学習の作法

例2　「A若しくはB又はC」

「A若しくはB又はC」とある場合には、「A・Bグループ」と「Cグループ」に分かれます。「若しくは」と「又は」が両方あるのを見つけたら「『又は』で大きく分かれる」と覚えておきましょう。

［日常用語に置き換えた例］
　このチケットで、チーズバーガー若しくはドリンク又はほら穴と雪の女王のカードと交換できます。

図表4－15　「又は」「若しくは」

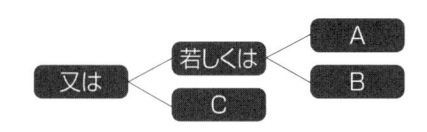

```
又は ─┬─ 若しくは ─┬─ A
      │            └─ B
      └─ C
```

　さて、ここでみなさんに考えてほしいのです。上の例では「チーズバーガー、ドリンク又はほら穴と雪の女王のカード」とすることもできたと思うのですが、どうして、「ほら穴と雪の女王のカード」だけ別なグループとしたのでしょう。

　　　　　……はい・1分間のシンキングタイムです。……

　その理由はいろいろ想像できますが、まず「食べ物」と「そうでないもの」とに分けたと考えることができます。また、「商品」と「特別の景品」に分けたかもしれません。いずれにしても、「又は・若しくは」が含まれる条文を見つけたときには、「又は」を見つけ、その部分で大きくグループが分かれることを意識しましょう。その次に、なぜ、そこでグループ分けをしたのか考えてみましょう。そこで、実際の条文です。次の刑法25条1項を見てください。

○ 刑　法
　　第25条　次に掲げる者が３年以下の懲役若しくは禁錮又は50万円以
　　下の罰金の言渡しを受けたときは，情状により，裁判が確定した日
　　から１年以上５年以下の期間，その執行を猶予することができる。
　　　一〜三　略
　　２　略

　「懲役・禁錮」と「罰金」とで大きく分けたのは，前が自由刑で，後ろが財産刑だからです。少し細かくなりますが，刑罰には，死刑（生命刑）のほかに，自由刑，財産権があります。自由刑はその名のとおり拘束して自由を奪う刑罰です。懲役や禁錮がこれに当たります。懲役も禁錮も身柄が拘束されることは同じですが，懲役刑の場合には刑務作業があり，禁錮刑では刑務作業はありません。財産刑というのは，財産を取り上げる刑罰です。罰金がその典型例です。「懲役・禁錮」と「罰金」で大きくグループ分けがされていると知れば，「３年以下の」の部分が，「懲役」だけでなく「禁錮」にもかかるということが理解できます。段々と条文が正確に読めるようになってきました！

　　　　　　　図表４−16　「又は」「若しくは」の構造

| ３年以下の | 懲　役 | 又は | 50万円以下の罰金 |
| | 若しくは禁錮 | | |

「及び・並びに」

　「及び・並びに」も「又は・若しくは」と同じ視点で読み解くことができるのですが，違う点がひとつだけあります。「又は」は一番大きなグループどうしをつなぐときに使うのに対して，「及び」は一番小さなグループ

043

どうしをつなぐ場合に使われることです。

例3 「A，B及びC」

A，B，Cという3つのグループが並列的です。

[日常用語に置き換えた例]

このチケットで「チーズバーガー，ポテト及びドリンク」と交換できます。

図表4－17 「及び」

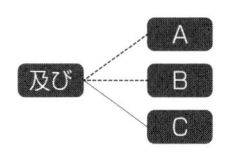

例4 「A及びB並びにC」

「A及びB並びにC」とある場合には，「A・Bグループ」と「Cグループ」があります。そのうち，「及び」は一番小さなグループどうしをつなぐ場合にだけ使います。

図表4－18 「並びに」「及び」

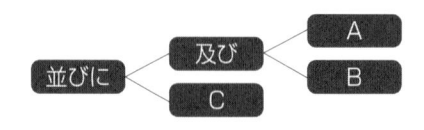

[日常用語に置き換えた例]

このチケットで，チーズバーガー及びドリンク並びにほら穴と雪の女王のカードと交換できます。

「その他の・その他」

「その他の」の用例では，「その他の」の前に出てくる言葉は，後に出て

くる言葉の例示なのです。「その他」という言葉が使われている場合には，「その他」の前に出てくる言葉と，後に出てくる言葉は並列の関係にあります。

例を挙げた方がわかりやすいですね。例1の「カボチャ，ニンジンその他の黄緑色野菜」の場合には，カボチャ，ニンジンは緑黄色野菜の例示となっています。例2の「カボチャ，ニンジンその他野菜」の場合には，①カボチャ，②ニンジン，③その他野菜といったように，挙げられている要素は3つあるというわけです。

例1 **カボチャ，ニンジンその他の黄緑色野菜**

カボチャ　ニンジン　その他の黄緑色野菜

例2 **カボチャ，ニンジンその他野菜**

カボチャ　ニンジン　その他野菜

またみなさんに考えてもらいたいのです。次の発言はある会社社長の発言です。「会社をやめてしまえ！」は社長の口癖ですが，社長が社員の仕事ぶりにイライラしているのは事実のようです。「吉田さんは仕事が遅い」と社長が確実に考えている方はどちらの発言の場合でしょうか。

　A：吉田，山田その他の仕事の遅い奴は会社をやめてしまえ!!
　B：吉田，山田その他仕事の遅い奴は会社をやめてしまえ！

　　……はい・1分間のシンキングタイムです。……

答えはAです。「その他の」の前の言葉はうしろの例示ですから，Aでは吉田さんや山田さんは「仕事が遅い社員」の例示として挙げられています。

I 法律学習の作法

Bでは吉田さんがどうして「会社をやめてしまえ！」と言われたかわかりません。何か理由があって社長が怒っていることだけは事実のようです。

こんな本も読んでみて

　最小限の法令用語を覚えるなら2章でも紹介した法制執務用語研究会『条文の読み方』(有斐閣，2012年) がいいでしょう。おやじギャグとともに法令用語を覚えたいなら吉田利宏『ビジネスマンのための法令体質改善ブック』(第一法規，2008年) がおすすめです。

5章
法令用語ひとかじり②
：独特の表現も慣れればむずかしくない?!

1　繰り返しを避けるための用語

> **法律の条文は余分なことは書かないのです**

　法律の条文は「余分なことは書かない」という大原則があります。「簡潔な表現にして，大事な部分を過不足なく伝える」という姿勢なのです。「繰り返しを避ける」という表現方法もそんなところからきています。そのため条文には「繰り返しを避ける表現」がたくさん使われます。そんな表現に慣れておきましょう。

「適用する・準用する」

　条文を眺めていると「適用する」をたくさん発見しますが，それ以上に「準用する」という言葉が使われていることに気がつくでしょう。この「準用する」は，本来の対象ではないけれど似たような対象に当てはめることをいいます。条文を当てはめることは同じなのですが，当てはめる対象が「本来の対象」なのか「本来の対象ではないのか」で，「適用」と「準用」の使い分けがなされるのです。

図表 5 − 1　繰り返しを避ける用語①

適用	本来の対象に規定を当てはめることをいう
準用	本来の対象ではないけれど似たような対象に規定を当てはめることをいう。本来の対象でないものに当てはめるので「読替規定」が置かれる場合も多い

　本来の対象ではないので，少し読み方に注意が必要だったり，一部分，変更を加えて読む場合があります。これが「読替規定(よみかえきてい)」と呼ばれるものです。準用の場合にはこの読替規定が置かれることも多いものです。

[日常用語に置き換えた例]
　遠足にはお弁当のほかに果物を除き500円までのおやつを持ってくることができます。なお，この遠足のルールは社会科見学にも準用します。この場合において，「果物を除き500円まで」とあるのは「果物を除き300円まで」と読み替えるものとします。

⭕ 会社法
（会計参与等の選任等についての意見の陳述）
　第345条　会計参与は，株主総会において，会計参与の選任若しくは解任又は辞任について意見を述べることができる。
　2・3　略
　4　第1項の規定は監査役について，前2項の規定は監査役を辞任した者について，それぞれ準用する。この場合において，第1項中「会計参与の」とあるのは，「監査役の」と読み替えるものとする。
　5　略

図表 5 − 2　繰り返しを避ける用語②

みなす	そもそも異なるものを同じものとして取り扱おうとすること。

	「推定する」との一番の違いは、反証を許さない点にある
推定する	法令が一定の事実の状態にあるものとして、一応、取扱い、法的効果を生じさせようとするもの。「一応の取扱い」にすぎないわけであり、当事者においてこれとは異なる取扱いをする意思がある場合や異なる事実が明らかになった場合には、否定することができる

　次の民法886条1項の規定を見てください。生まれていないので「胎児」なのです。でも「生まれたもの」とみなしています。一方、民法772条1項においては「夫の子とみなす」では、たいへんなことになります。ここは「夫の子と推定する」しかないでしょう。

⭕ 民　法
（相続に関する胎児の権利能力）
　第886条　胎児は、相続については、既に生まれたものとみなす。
　2　略

⭕ 民　法
（嫡出の推定）
　第772条　妻が婚姻中に懐胎した子は、夫の子と推定する。
　2　略

2　範囲や日時に関する用語

範囲や日時に関する用語に強くなって契約違反や法違反をなくそう

　これまで、なんとなく理解していたつもりでいたかもしれません。しかし、なんとなくでは、「あぶない、あぶない」。契約違反や法違反を犯してしまうかもしれませんよ。この際、きっちり覚えましょう。

049

「以上・超える」

この2つの言葉には,基準点が含まれるかどうかの違いがあります。「以上」の場合は基準点が含まれ,「超える」の場合には基準点が含まれません。

　　65歳以上⇒65歳を含める
　　65歳を超える⇒65歳を含めない

「以下・未満」

この場合にも,基準点が含まれるかどうかの違いがあります。

　　65歳以下⇒65歳を含める
　　65歳未満⇒65歳を含めない

「から～まで」

条文でよく使われる表現です。「第〇条から第×条まで」という場合には,第〇条も第×条も含まれます。また,古い法律やおじいさんの弁護士さんなどは「から～まで」の意味で「乃至(ないし)」という表現を使う場合があります。「第1条乃至第8条」というのは,「第1条or第8条」ではなく,「第1条から第8条まで」の意味であることに注意しなくてはなりません。

　　第1条から第8条まで
　　　　　　　　　　　　　⇒1条も8条も含める
　　第1条乃至第8条

「から・から起算して」

「貸出日から5日以内に返却すること」。図書館のカードにこんな風に書かれていたら,いつまで本を借りていられるのでしょう。たとえば,12月1日に本を借りた場合には,具体的にはいつまでに返せばいいのでしょう。次のA～Cのなかから正解を探してください。この図書館は年中

無休とします。

　　A：12月5日中に返せばいい。
　　B：12月6日中に返せばいい。
　　C：年を越えずに返せばだいたいいい。

　まず、Cは問題外です。「だいたい」ですめばルールなどいりません。さて、AとBの違いはどこにあるかといえば、「初日をカウントするかどうか」です。貸出日である12月1日をカウントすると、1, 2, 3, 4, 5日の5日間ということになりますし、12月1日をカウントしなくていいとすると、2, 3, 4, 5, 6日の5日間ということになります。
　実は、民法140条にはこのことについての「ジャパン・スタンダード」が定められています。

　⭕ 民　法
　　第140条　日、週、月又は年によって期間を定めたときは、期間の初日は、算入しない。ただし、その期間が午前零時から始まるときは、この限りでない。

　⭕ 民　法
　（期間の満了）
　　第141条　前条の場合には、期間は、その末日の終了をもって満了する。

　つまり、初日を入れないのが（初日不算入が）原則なのです。正解はBになります。
　たとえば、ある日の午後5時に本を借りたとします。すると、その日はもう8時間もありません。この日を1日にカウントするのはかわいそうです。**初日不算入の原則**にはこうした理由があります。つまり、「〜の

日から5日」とある場合には，初日はカウントしないで5日ということになります。

　　の日から⇒初日はカウントしない

そしてとくに決まりがない場合には5日目の午後（夜の）12時で期間は満了します。「12月1日から5日以内」という場合には，2日からカウントをはじめて6日の午後12時に満了するというわけです。

　　　　　図表5－3　12月1日から5日以内

| 12月1日 | 2日 | 3日 | 4日 | 5日 | 6日 |

ただし，民法140条のただし書にあるように，期間が「午前零時から始まるときは」初日をカウントするというルールもあります。「明日から5日以内」というような場合です。このときには，明日はまるまる1日あるのですから，初日からカウントしても問題はないだろうということです。

では，初日をカウントしたいときにはどんな言い方にするのでしょうか。その場合には「～の日から起算して5日」のように「起算して」の文字を加えます。「12月1日から起算して5日以内」という場合には，1日からカウントして5日の午後12時に満了するのです。

　　　　　図表5－4　12月1日から起算して5日以内

| 12月1日 | 2日 | 3日 | 4日 | 5日 | 6日 |

3　ニュアンスを伝える用語

法令用語にもニュアンスがわかればいいという用語があります

　法令用語といえば,「正確に内容を伝えるためのもの」ということが基本なのですが,時には,「ニュアンスを伝えたい」がために使われる用語があります。そうした用語を説明します。

当分の間

　「当分の間」とあると,日常用語では「少しの間」といった意味になりますが,法令用語の場合には少し違います。「当分の間」というのは,「何か事情があって暫定的なものである」というニュアンスを示しています。「少しの間」という意味はありません。「当分の間の措置なのに何年も続いている！」などと批判しますが,それは割とよくあることです。次の「当せん金付証票法」は宝くじの根拠法です。「当分の間,当せん金付証票の発売により」とありますが,昭和23年制定以来,今も続いているのはみなさんご存知のとおりです。

> ◯ 当せん金付証票法
> （この法律の目的）
> 第1条　この法律は,経済の現状に即応して,当分の間,当せん金付証票の発売により,浮動購買力を吸収し,もつて地方財政資金の調達に資することを目的とする。

I　法律学習の作法

妨げない

「妨げない」とされる内容は、疑問に感じるかもしれないところを説明する意味があります。日常用語で「ちなみに……」と追加説明をしますが、それに似ています。会社法には、次のような規定があります。「ちなみに、定款によって任期を短縮することもできます」という感じでしょうか。

○ 会社法
（執行役の選任等）
第402条　1～6　略
　7　執行役の任期は、選任後1年以内に終了する事業年度のうち最終のものに関する定時株主総会の終結後最初に招集される取締役会の終結の時までとする。ただし、定款によって、その任期を短縮することを妨げない。
　8　略

「関する」と「係る」

「関する」と「係る」でどう違うのでしょうか。大げさにいえば日本全国の人が疑問に思っているかもしれません。一応の使い分けは、直接的な場合には「係る」が、それほどでない場合には「関する」が使われます。

たとえば、民法173条1号の「代価に係る債権」というのは、代金の額そのものなので「係る」です。同条3号の「仕事に関する債権」というのは、材料費や手間賃などいろいろな費用が含まれます。そこで「仕事に関する債権」となっています。

○ 民　法
第173条　次に掲げる債権は、2年間行使しないときは、消滅する。
　一　生産者、卸売商人又は小売商人が売却した産物又は商品の代価

に係る債権
　　二　自己の技能を用い，注文を受けて，物を製作し又は自己の仕事場
　　　で他人のために仕事をすることを業とする者の仕事に関する債権
　　三　略

　ただ「係る」は，今，お話したような用法のほかに，「～に関係がある」，「～についての」，「～に属する」，「～の」などの意味として使われることがあります。このように「ほんわか」と使われる場合もあれば，直接的な関係を表現するためにも使われるのが「係る」なのです。なかなか捉えにくい用語のひとつです。

◯ 地方自治法
　　第2条　1～8　略
　　9　この法律において「法定受託事務」とは，次に掲げる事務をいう。
　　一　法律又はこれに基づく政令により都道府県，市町村又は特別区
　　　が処理することとされる事務のうち，国が本来果たすべき役割に
　　　係るものであつて，国においてその適正な処理を特に確保する必
　　　要があるものとして法律又はこれに基づく政令に特に定めるもの
　　　（以下「第一号法定受託事務」という。）
　　二　略

この本も読んでみて

　林修三『法令用語の常識』（日本評論社，初版1958年）が，この半世紀たくさんの人に読まれてきました。この補訂版（新版）として吉田利宏『新法令用語の常識』（日本評論社，2014年）があります。手元において気になったときに調べてみるのもいいかも。

II

法律の常識

6章

法律の常識①
：全体像をつかむとグッと理解が進む?!

1　4部構成を意識する

条文にも「紙面割り」があります

「昨日，阪神勝った？」。もし，新聞を読んでいる人に尋ねたら，すぐに教えてくれるはずです。それは新聞のどこにスポーツ欄があるかわかっているからです。いつも読んでいる新聞なら紙面割りがだいたい頭に入っています。政治のニュースはどこに書かれていて，経済のニュースはあそこで，4コマ漫画がここにある。知りたいニュースを早く探すことができるのは，この紙面割りの知識があるからなのです。

法律にも，「紙面割り」みたいなものがあります。法律はまず，「**本則**」と「**附則**」に分かれて，さらに本則が4つの部分に分かれるのです。こうした4部構成を意識すると必要な条文を探すのが早くなります。

A君をうまく受験体制に移行する

まず，本則と附則の違いです。

Ⅱ　法律の常識

　法律というのは新しい制度やルールを定めたときに必要なものです。本則には新しい制度などを導入するために必要な規定が並びます。一方，附則は，新しい制度にバトンタッチするために必要な規定です。新しい制度にうまく移行できたら必要ない規定です。

図表6-1　本則と附則

本　則	これからも必要となる規定
附　則	新しい制度へうまくバトンタッチするために必要な規定。新しい制度にうまく移行できたら必要なくなる規定

　具体的な話をしましょう。

　A君は中学3年生になりました。しかし，勉強の習慣がついていません。少し机に向かっても，すぐにスマホゲームに手が伸びます。「高校に入るまでは，1日最低3時間は勉強する。スマホゲームはやめる」と宣言したのですが，どうも実現できそうにありません。

　こんなときこそ，**経過措置**が必要です。A君の決意をうまく実行できるようにする経過措置です。A君の家庭教師はこんな経過措置をA君に提案しました。

- 4月中は最低1日1時間30分，5月になれば1日2時間，6月から1日3時間の勉強時間とする
- スマホゲームについては，4月中は1時間だけ，5月中は30分だけしてもいいということにして，6月からは完全にやめる

　これなら，A君もうまく受験体制に乗れるかもしれません。

受験体制への移行を法律の附則風に書いてみました

　附則1条には，新しい制度やルールがいつからスタートするか規定します。これを「施行期日の規定」といいます。そして，経過措置の規定，新しい条文ができたことで他の法律の条文にズレなどが生じたら，それを整理する規定が次に並ぶのです。A君の受験体制への移行を法律の附則風に書いてみるとこんな風になるはずです。

　　附　則
　第1条　平成〇×年4月1日に受験体制はスタートします。
　第2条　6月までは勉強時間とスマホゲームについて次のような経過措置を定めます。（内容は省略）
　第3条　受験勉強を始めることになったので英会話の習い事はやめます。

　附則2条の内容は7月になったらもう必要ありません。また，4月から英会話の習い事もやめてしまったなら，附則3条の規定もその後は必要ありません。新しい制度やルールへうまくバトンタッチするための附則のイメージが理解できたでしょうか？

　こんな附則ですから，法律の一部といっても長々と六法に載せる必要はありません。手元にある六法全書を見てください。たいがいの六法全書では，附則1条の施行期日の規定だけを残してほかの部分を省略しています。「この時に新しい制度が始まったんだ」，「この時に制度改正があったんだ」とあとでわかればいいからです。改正の度に附則は改正の歴史を刻む年輪のように六法に刻まれていきます。この話はあとでまた説明することにします。

Ⅱ　法律の常識

「A君の受験勉強に関する法律」の本則はこんな感じです

次は本則の話です。本則は4部構成になっているといいました。その4部とは，総則部分，実体的規定部分，雑則部分，そして，罰則部分です。

図表6－2　4部構成の内実

総　　則	目的規定，定義規定など全体に共通して関係する規定
実体的規定	ルール本体
雑　　則	実体的規定を補うような雑多な規定
罰　　則	罰則はあるものもないものもあります
附　　則	施行期日・経過措置など

具体例で見てみましょう。ただ，実際の法律の条文を並べると「拒否反応!?」が起きるといけませんので，架空の法律，「A君の受験勉強に関する法律」を例にして説明します。A君の受験勉強に関するルールをもし法律の本則風に書くとこんな感じでしょうか？

図表6－3　A君の受験勉強に関する法律

総　　則	（目的） 第1条　この法律は1日にするべき勉強時間やスマホゲームの時間制限を定めることにより，A君の受験勉強を支援し，もって希望高校合格を実現させることを目的とします。 （定義） 第2条　この法律において「勉強時間」とは，机に向かっている時間をいい，途中1時間につき10分間の休憩時間を含むものとします。
実体的規定	（最低勉強時間） 第3条　日曜日や祭日や模擬試験のある日など特別な日を除き，高校受験が終わるまで毎日最低3時間ずつ勉強しなけれ

雑　則	ばなりません。 （スマホゲームの制限） 第4条　高校受験が終わるまでスマホゲームはしてはいけません。 （細則） 第5条　さらに細かいルールについてはお母さんとA君が話し合って決めるものとします。
罰　則	（罰則） 第6条　第3条に違反して勉強ができなかった場合や第4条に違反してスマホゲームをした場合には，翌月のお小遣いはないものとします。

A君の受験勉強に関する法律の4部構成を説明します

　まず，総則部分です。条文の最初の方には，「この法律がどんなことを目的として定められたのか（**目的規定**）」，「その法律で使われている大事な用語についての説明（**定義規定**）」などが置かれます。この部分を総則といいます。これから法律を読み進めていくための準備をしてもらおうというのがこの総則部分です。

　A君の受験勉強に関する法律では，1条で，どうしてこんなルールを定めようとするのかその目的を明らかにしています。また，3条では勉強時間に関するルールが出てきますが，ここでいう「勉強時間」とはどんなものか，先に2条で定義しています。そうしないと「テレビを見ながら勉強したい！」とか「休憩時間はどうするの？」といった声が出てルールがあやふやになってしまうからです。

　次は実体的規定部分です。早い話がルールの本体です。3条では勉強時間のルールを，4条では受験勉強の障害になるスマホゲームに関するルールを定めています。その次が雑則となりますが，雑則というのは，少し細かい定め事などです。ルール本体のあとに置かれます。A君の受験勉強に

関しては「詳細はお母さんとA君が話し合って決める」ということが書かれています。最後に罰則がある法律の場合には，罰則が置かれます。A君の受験勉強に関しては「お小遣いなし」しか規定されていませんが，複数の罰則が定められている場合には，重い罰の順に条文が並びます。

2　新規制定法（もとの法）と一部改正法

一部改正法には4部構成はありません

　法律の4部構成の話をしてきましたが，こうしたルールが及ばない法律もあります。下の「司法試験法の一部を改正する法律」を見てください。見慣れた法律の条文とはかなり違います。もとの法律のどの部分を改正するか，その改正メニューを並べただけのつくりになっているからです。こうした法律を「改正法」といいます。「全部を改正する」という場合もなくはないのですが，普通はもとの法律の一部を改正するので**「一部改正法」**と呼ばれています。

- 司法試験法の一部を改正する法律
　　司法試験法（略）の一部を次のように改正する。
　　第3条第1項各号を次のように改める。
　　一　憲法
　　二　民法
　　三　刑法
　　第3条第2項第1号中「公法系科目」の下に「（憲法及び行政法に関する分野の科目をいう。）」を加え，同項第2号中「民事系科目」の下に「（民法，商法及び民事訴訟法に関する分野の科目をいう。）」を

加え，同項第3号中「刑事系科目」の下に「（刑法及び刑事訴訟法に関する分野の科目をいう。）」を加える。

　第4条第1項中「，3回の範囲内で」を削り，同条第2項中「期間をいう。以下この項において同じ」を「期間をいう」に改め，後段を削る。

　　附　　則
　この法律は，平成26年10月1日から施行する。

　一部改正法の本則は改正メニューだけで成り立っています。そして附則があります。附則に規定されることは，新規制定法であろうと改正法であろうと同じです。

　一部改正法は施行されてしまうと，もとの法律に溶け込んでしまいます。改正メニューともいえる本則は跡形もなく失われてしまうのです。だから，残るのは附則の施行期日だけなのです。

3　法律の「生死」

> **法律は「施行」されてはじめて法律として効力をもちます**

　「法律が生まれる時」っていつでしょう？　そう尋ねると「国会で法律が成立した時」と答える人が多いことでしょう。ただ，少し注意も必要です。人間の場合には生まれてすぐに人として認められますが，法律の場合には，国会で成立しても，まだまだ法律としての力はありません。まず，国民に「こんな法律ができたよ！」とお披露目をしなくてはなりません。これを**「公布」**といいます。このお披露目は**「官報」**という国が出している新聞に条文が掲載されることで行われます。ただ，それだけでは法律として

の力をもたないのです。「**施行**」がなされてはじめて法律として効力を有します。

たとえば、ある法律は6月1日に成立し、6月5日に公布され、その法律の附則1条に「この法律は、平成○○年10月1日から施行する」とあったとします。この場合には、10月1日になってやっと効力を有することになるのです。

図表6－4　公布と施行

公　布	一般国民がその法令を知り得る状態におくこと
施　行	その法令が現実に効力を有するものとなること

「お披露目（公布）をしてから、実際にその法律が動き出すまでに時間が空けられているのはなぜか？」　それは罰則が定められている法律を考えればすぐにわかるでしょう。新しく違反になることがわからないうちに罰則が科せられるのではたまったものではありません。まずは法律内容の周知期間が必要なのです。それが公布日と施行日との間に時間を置く理由です。逆にいえば、国民の権利を制限しないような法律なら公布日と施行日に時間を置く必要はありません。こうした法律の附則1条には「この法律は公布の日から施行する」と規定されています。

普通、法律は有効期限についての定めはありません

さて、今度は法律がいつ終期を迎えるかという問題です。

「このサービス券，もう使えません」。ここぞとばかりに出したサービス券が有効期限切れ。そんな経験誰にもあると思います。法律には普通、「**施行期日**」は定められていても、いつその法律の効力が失われるかについての規定はありません。ただ、まれに、次のように「有効期限」（いつまで効

力を有するかについての定め）を附則で規定しているものがあるだけです。時を限った法律ということでこうした法律を「**限時法**」といいます。

◎ 消費税の円滑かつ適正な転嫁の確保のための消費税の転嫁を阻害する行為の是正等に関する特別措置法

　附　則
（この法律の失効）
第2条　この法律は，平成29年3月31日限り，その効力を失う。

ということは……。そうなのです。普通，法律は廃止されない限り，ずっと効力をもち続けているものなのです。ただ，法律に何も書かれてなくとも，その法律の規定対象がなくなってしまったときにもその法律は効力を失うものとされています。

「恋の終わり方」と「法律の失効」はどこか似ています

さてここで問題です。

[問題]　「恋が終わる場面」には選択肢Aの①〜③があります。一方，法律が効力を失う場面には選択肢Bのア〜ウがあります。①〜③の「別れ方」とイメージの近い，法律失効場面をア〜ウから選び解答欄にその記号を記してください。

[選択肢A]（恋が終わる場面）
① どちらともなく「自然消滅」する
② お互いに「別れ」を確認する
③ 一方，または双方に新たな恋人ができる

Ⅱ 法律の常識

選択肢B （法律が効力を失う場面）
　ア　限時法の期限の到来　平成29年3月31日に限り，その効力を失う
　イ　廃止法による廃止（他法による廃止を含む）
　ウ　適用対象の消滅

解答欄
　①（　　　）　②（　　　）　③（　　　）

「俺，彼女とまだ付き合っているといえるのかなぁ……」。高校のとき，友人に相談されたことがあります。「別れよう」とどちらかがいったわけでもないし，お互い新しい彼や彼女ができたわけでもありません。ただ，なんとなく会うことが少なくなった。いわゆる「自然消滅」というやつです。しかし，いつの時点で自然消滅したのかはなかなかわかりにくいものです。同じように，法律の対象が失われたかどうかはなかなかわかりにくいものがあります。

　法律が効力を失う場面には次の3つがありますが，ウの場合には，なかなかわかりにくいものなのです。たとえば，「昔，売られていた薬の副作用で障害が残った人に特別の年金を出す」といった法律があったとします。申請して年金をもらっている人が1人もいなくなっても，もしかしたら申請忘れの人がいるかもしれませんし，障害がこれから現れる人がいるかもしれません。そんなことを考えたら，法律の対象がもういないとして失効させることには慎重でなければなりません。「現行法は何本ありますか？」。よく，そんな質問をされることがありますが，本当の意味で答えられる者がいないのはそのせいです。

　説明が長くなりましたが，①のイメージに近いのはウとなります。②のお互いが別れを確認するのは一番，「問題のない」別れ方です。恋愛の終わりをハッキリさせることができます。終わりがハッキリしているということではアでしょうか。アは恋を始めた者（法律を定めた者）の意思として

失効が確認されている点も似ています。③はイです。新しい恋人の出現は普通,前の恋の終わりを意味します。それは,新しい別な法律ができることで前の法律が否定される「他法による廃止」に似ています。

答え ①（ ウ ）　②（ ア ）　③（ イ ）

4　法律の効力の及ぶ範囲

> 日本の法律は日本の主権の及ぶ範囲で適用されます。これを「属地主義」といいます

またまたサービス券ネタです。「このエリアでは使えないのですよ」。出張先のレストランでここぞとばかりに出したサービス券が使えないことがあります。「同じチェーン店なのに……」と不満顔でサービス券を読み直すと「関東エリア各店で使えます」とあります。

条例の場合にはその自治体だけのルールですが,法律の場合には日本全国にその効力が及ぶはずです。法は「日本の主権が及ぶ範囲」に適用されるわけですが,法の適用に関するこうした立場を**「属地主義」**といいます。日本は原則としてこの属地主義をとっています。たとえば刑法の基本も次のように「属地主義」です。

○　刑　法
　（国内犯）
　第1条　この法律は,日本国内において罪を犯したすべての者に適用する。
　2　日本国外にある日本船舶又は日本航空機内において罪を犯した者についても,前項と同様とする。

刑法では属地主義の例外も定められています

　ただ，刑法では属地主義の例外も定められています。他の法律では見かけない珍しい規定なので，紹介しておきましょう。まず，刑法3条は「属人主義」をとっています。属人主義というのは「たとえその国を離れても，その人の所属する国の法令を適用しようとする立場」です。刑法3条では殺人などについては日本人がたとえ国外で犯しても処罰することを定めています。

● 刑　法
（国民の国外犯）
　第3条　この法律は，日本国外において次に掲げる罪を犯した日本国民に適用する。
　　一　第108条（現住建造物等放火）及び第109条第1項（非現住建造物等放火）の罪，これらの規定の例により処断すべき罪並びにこれらの罪の未遂罪
　　二〜五　略
　　六　第199条（殺人）の罪及びその未遂罪
　　七〜十六　略

　さらに，刑法2条には次のような規定があります。その国やその国民の利益を害する行為に対しては外国人が行っても自国の法令を適用しようとしています。こうした立場を「保護主義」といいます。刑法2条では内乱罪などについて保護主義をとっています。

○ 刑　法

（すべての者の国外犯）

第2条　この法律は，日本国外において次に掲げる罪を犯したすべての者に適用する。

一　削除

二　第77条から第79条まで（内乱，予備及び陰謀，内乱等幇助）の罪

三〜八　略

まとめますね。法律は原則的として「属地主義」をとっています。ただ，刑法のように「**属人主義**」や「**保護主義**」を定めた規定もあります。

図表6－5　属地主義・属人主義・保護主義

属地主義 （原則）	日本の主権が及ぶ範囲で法令を適用する立場
属人主義	たとえその国を離れても，その人の所属する国の法令を適用しようとする立場
保護主義	たとえ，外国人が行っても自国の法令を適用しようとする立場

この本も読んでみて

もう少し法律の構造のことを知りたければ，長野秀幸『法令読解の基礎知識』（学陽書房，2014年）を読んでみてはどうでしょう。200頁ほどの本ですが，法律を読むための目の付けどころのほとんどすべてが説明されています。

Ⅱ 法律の常識

7章
法律の常識②
：関係性をイメージするともっと理解が進む?!

1 法律の種類

> 理解に役立つ3つの分類を紹介します

　魚はいろいろと分類できますが，料理をするときには，それが白身の魚なのか赤身の魚なのかが重要です。ヒラメやタイといった白身の魚は，脂肪が少なくて淡泊です。マグロやサンマなどの赤身の魚は脂肪が多くて濃厚です。当然，おいしく料理するための方法が違います。

　法律の分類にもいろんな方法がありますが，ただ分類しても意味がありません。分類することで，その法律の理解に役立つものとしたいところです。内容を理解するための分類方法を3つ紹介しておきます。

2 公法と私法

> 公法は縦（上下）関係，私法は横関係のイメージです

　まず，「**公法と私法**」という分類です。公法は「公」という文字がついて

いますが，それは「国」や「地方公共団体（自治体）」が関係する法だからです。国（自治体）と国民（住民）との関係を定めた法，国（自治体）の組織を定めた法が公法です。一方，私法は一般の人や会社（これを「私人」といいます）どうしの関係を定めた法です。

図表7－1　公法と私法

公　法	国（自治体）と国民（住民）との関係や国（自治体）の組織などを定めた法	例：憲法・各種行政法・刑法・刑事訴訟法
私　法	私人（一般の人や会社のこと）どうしの関係を定めた法	例：民法・商法

　公法において，国（自治体）と国民（住民）との関係は縦（上下）関係のイメージです。別に国や自治体が私人より上（えらい）なんて思っているわけではありません。国（自治体）と国民（住民）との関係は，法律（条例）が定められていれば，行政が一方的に（相手との合意なしに）何かを義務づけたり，権利を与えたりすることができます。これが「縦関係」とした理由です。

　私法はどうかというと基本的に対等な者どうしです。ですから「横関係」のイメージです。図にするとこんな感じになります。

図表7－2　公法・私法のイメージ

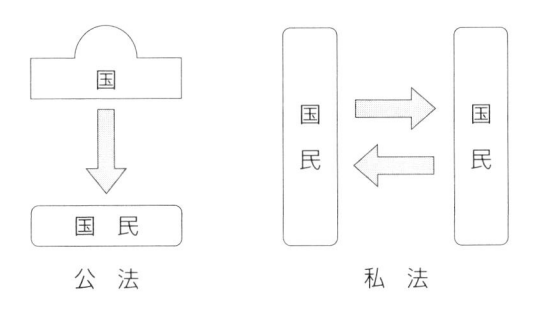

Ⅱ　法律の常識

アイドルの握手会の入場券が3000円。みなさんならどうします？

　さて，ここで考えてほしいことがあります。友だちが，今をときめくアイドル「あかみもか」の握手会の入場券を3000円で買わないかといってきました。「あかみもか」といえば，アイドルグループ・レッドフィッシュのセンターボーカルです。この申出にどう答えるべきだと思いますか？

　①　興味がないと断る
　②　「買う，買う，喜んで買う」と答える
　③　「もう少し安くしてくれない？」と答える

　さて，何番を選んだでしょうか？
　「どう答えるべきか」などと尋ねてみましたが，この件に関しては「どう答えるべき」というものはありません。みなさんの思うとおり（意思のまま）に答えればいいのです。というのは，この件は友だちと自分との間，つまり私人間の問題です。私人の間においては，お互いの意思が尊重されます。それが基本です。③の場合には，さらにお互いで歩み寄れる値段が話し合われることでしょう。それはそれでいいのです。

税務署（署長）から課税処分を受けました。でもお金がない。あなたなら？

　さて，もうひとつ考えてほしい問題があります。税務署（署長）から税金10万円を払うように課税処分を受けました。しかし，今月は収入が少なく10万円も払うと生活が厳しくなります。さて，この課税処分にどう対応すべきでしょうか？

① 払えないと断る
② なんとか払う
③「もう少し安くしてくれない？」と答える

　先ほどの問題とは違い，こちらの方はすべき対応は基本的にひとつしかありません。それは②の「なんとか払うです」。①の対応をしても，支払うように「催告」され，それでも払わないと無理やりでも徴収されます。これを「強制徴収」といいます。③の方法もとれません。税金をいくら徴収するべきかは法律（条例）に定められており，国（自治体）はそれに従って課税を行うのです。「もう少し安くしてくれない？」なんていうこともできなければ，「8万円でいいです」なんてまけてもくれません。

公法と私法は役割に違いがあります

　公法関係を「縦関係」とした理由がここにあるのです。税金を課すとか，許可を与えるなどの場面では，いちいち相手と相談などしません。その意味でたいへん一方的なのです。ただ，行政が「えらい」からこんな一方的な権限をもっているわけではありません。行政は法律や条例などに定められたとおりの処分を行ったまでですし，そうした法律や条例は国民や住民の代表である議会が定めたものにほかなりません。逆にいえば，行政は，国民や住民が決めた範囲でしか権限を行使できません。その「枠」こそが公法のイメージなのです。ですから，国民（住民）からすれば，「憲法が保障している人権を踏みにじっていないか？」とか「与えられた権限をはみ出していない？」という目で監視しなくてはなりません。公法というのは権力の権限を定めた法でもあるからです。

　さて，私法ですが，こちらは「自由な世界」，「フィフティ・フィフティ

の世界」に存在する法です。本来，この私法の世界は私人に任された世界です。当事者の意思に従ってお互いの関係を作っていいはずです。ただ，そんな私法の世界にも法が必要です。お互いの意思が示されていないときに補うための規定（任意規定）やお互いの意思があっても許されないことを定めた規定（強行規定）が必要となるからです。この件については詳しくは13章を見ていただければと思います。

そうはいっても，現代社会では，公法か私法かにスッキリ割り切れない法も登場してきています。労働法や消費者法といったものがそれです。「また，後回しにして……」と怒られそうですが，これもまた12章や13章を読んでいただきたいと思います。

3　実体法と手続法

「あかみもか」の握手会の入場券売買をめぐる実体法と手続法

次は実体法と手続法です。権利義務の発生や消滅などの内容について規定する法を「**実体法**」といい，その内容を実現するための手続を定めた法を「**手続法**」といいます。

図表7-3　実体法と手続法

実体法	権利義務の発生や消滅などについて定める法	例：民法・刑法
手続法	権利や義務など法が定める内容を実現するための手続を定める法	例：民事訴訟法・刑事訴訟法

これだけの説明では少しわかりにくいかもしれません。たとえば，民法と民事訴訟法で説明すると，民法が実体法であり，民事訴訟法が手続法となります。

アイドル「あかみもか」の握手会の入場券を3000円で売る契約が成立したとします。改めていうほどのことはありませんが，これは民法でいうところの「売買（契約）」です。

○ 民　法
（売買）
　第555条　売買は，当事者の一方がある財産権を相手方に移転することを約し，相手方がこれに対してその代金を支払うことを約することによって，その効力を生ずる。

　一方は，入場券を渡さなければなりませんし，もう一方はその代金を支払う義務を負います。このように民法は売買という行為を通じて，権利や義務が発生することを定めています。民法は実体法ということになります。
　ただ，入場券を渡したのに相手が代金を払わない場合はどうでしょう。相手は「入場券なんて知らない」というかもしれませんし，「くれたんじゃなかったの？」とごまかすかもしれません。それでも，相手の家に上り込んで3000円を奪ってくるというわけにはいきませんので，裁判を通じて解決するしかありません。3000円ぐらいでは裁判など利用しないでしょうが，額が大きくなれば，裁判を通じて，相手が代金を支払うべき義務があること（反対に自分が支払いを受ける権利があること）を確認してもらうはずです。こうした裁判は民事訴訟となりますが，その手続を定めたのが民事訴訟法となります。
　また，14章で触れるように刑法と刑事訴訟法との関係も実体法と手続法の関係です。殺人罪や窃盗罪など，罪やその罪に科される刑が定められているのが刑法で，その罪を犯したことを明らかにして刑を科す手続が定められているのが刑事訴訟法だからです。
　ただ，民法と民事訴訟法，刑法と刑事訴訟法のように，実体法と手続法

がわかりやすい形で存在するものばかりではありません。ひとつの法律にどちらの要素もあるという場合もありますので注意が必要です。

> 実体法と手続法を意識することで条文に込められた公平や正義を見つけやすくなります

さて,「実体法と手続法との区別ができて,どんないいことがあるのか」ということです。「法律というのはルールのひとつです」。改めていうほどのことではないかもしれませんが,ルールを作る目的は,ずばり「公平や正義の実現」にあります。実体法では,公平や正義を実現しようとする内容そのものが示されています。手続法では公平や正義を実現するための手続が定められています。

刑法では,正義に照らして,許されないことが罪として挙げられています。刑事訴訟法では,罪を明らかにするとともに,罪のない人を罪人にしないための仕組み(手続)が定められています。このように,実体法か手続法かを意識することで,条文に込められた公平や正義を理解しやすくなるという利点があります。

4　一般法と特別法

> 特定の場合,特定の対象,特定の場所,特定の時期に限って適用される特例的な定めを特別法といいます

次は一般法と特別法です。「**特別法**」というのは,特定の場合,特定の対象,特定の場所,特定の時期に限って適用される特例的な定めのことです。これに対して,一般的な定めを「**一般法**」といいます。

これは,定価と特価の関係に似ています。特価はある意味,特定の時期を限っての値段だからです。

特別法と一般法の規定がぶつかったとき（矛盾抵触するとき）には，特別法の規定が優先します。定価200円と表示があっても，「タイムセール！ 今だけ特価150円」と放送があれば，疑うことなくそれは150円なのです。
　簡単な例をひとつ紹介しておきますね。
　一般の個人どうしのお金の貸し借りについては基本的に年5％の利息がつきます。とくに契約などで定めのない場合には民法の規定に従い5％とされるのです。ところが，商売上の取引で発生したお金の貸し借りの場合はこれが6％となります。商売のプロならお金を有利に運用することができるからです。つまり，一般の人どうしのルールを定めた民法と，商売上のルールを定めた商法との関係は，一般法と特別法の関係に当たります。もちろん，商法が特別法で，一般法が民法です。

○ 民　法
（法定利息）
　第404条　利息を生ずべき債権について別段の意思表示がないときは，その利率は，年5分とする。

○ 商　法
（商事法定利率）
　第514条　商行為によって生じた債務に関しては，法定利率は，年6分とする。

一般法と特別法の関係は相対的です。また「ちょこっと」だけ特別法である場合もあります

「AさんはBさんより背が低いですが，Cさんよりは高いといいます。DさんがBさんより背が高いとすると，A，B，C，Dの背の順はどのようになるでしょうか？」

079

Ⅱ　法律の常識

　もし，こんな算数の問題があったとします。この場合，答えの背の順はD，B，A，Cの順になります。AはCより背が高いといっても，それは相対的なものです。DやBから見たら背が低いからです。
　これと同じように一般法と特別法との関係は相対的です。
　少しややこしい話をひとつ。会社法は商法の特別法です。商法は商人や商行為について定めた法律です。会社だって商人ですし，商行為を行います。違うのは会社という法人がするところです。ですから，商法が一般法で，会社法がその特別法なのです。しかし，その会社法も会社に関する法律制度では一般法となることが会社法1条には規定されています。

◯　会社法
　（趣旨）
　第1条　会社の設立，組織，運営及び管理については，他の法律に特別の定めがある場合を除くほか，この法律の定めるところによる。

　また「特別法」というと法全体が「まるごと」一般法の特例を定めたように勘違いしやすいものです。しかし，ほとんどの場合，ある条文の特例が「ちょこっと」だけ定められているものです。
　たとえば，建築士法10条2項には次のような規定があります。「聴聞（ちょうもん）」というのは「ていねいに言い分を聞く手続」のことです。行政手続法では「業務の停止の場合には聴聞はしなくてもいいよ」としているのですが，この建築士法では「行政手続法はしなくていいと書いてあるけれど，聴聞を行わなければならない」と規定しているのです。この部分が「特別法」となります。

◯　建築士法
　（懲戒）

第10条　略
2　国土交通大臣又は都道府県知事は，前項の規定により業務の停止を命じようとするときは，行政手続法（略）第13条第1項の規定による意見陳述のための手続の区分にかかわらず，聴聞を行わなければならない。
3～6　略

　こうした「ちょこっと」特別法を見つけるコツは「○○法第×条にかかわらず」と書かれているところに気をつけることです。「○○法第×条」が一般法で，その条文が特別法となります。

5　法令の解釈

「解釈すること」はどうしても必要です

　次は「解釈する」ということを考えてみましょう。
　「次の新人は協調性のある学生を採用してくれよ」。社長が人事部長を呼んでそういいました。昨年の新人が工場の忙しい時期に夏休みをとったとかで社長はプンプンなのです。ただ，そういわれた人事部長は困り顔です。「『協調性のある学生』といわれてもねえ……」。
　たしかにどんな人を協調性があると感じるかどうかはひとそれぞれです。
　世の中の概念にはこのように「あやふや」な部分がつきまといます。法令の場合にはこうしたことを防ぐために「法令用語」が存在します。ただ，やはり言葉には限界がありますので，どうしても抽象的な部分が残ります。そのため，具体的な対象に条文を当てはめる際に「この条文を当てはめていいの？」ということを考えなくてはなりません。これが**解釈**と

いうものなのです。また，法令は制定してから時間が経つとどうしても当初は予想していなかったようなことが生じます。そんなときにも，法令はある程度，対応する必要があります。そんなときには「解釈」である程度は乗り切ることができます。つまり，世の中のことをパーフェクトに言葉で表現できない以上，「解釈する」ということはどうしても必要なのです。

法令の解釈は法令（条文）の目的や趣旨を通して行われます

「解釈の必要性がわかっても，何をとっかかりにして解釈を行えばいいのかわからない」という声もあるでしょう。では，下の文章を読んでみてください。

> 暗い夜道，若い男女が無言で歩いています。2人の間には微妙な距離が感じられます。
> 女性：「私，ハッキリしない人好きじゃないの」

さて，女性は男性にどんな感情を抱いているでしょう？
女性の言葉，いろいろと解釈できそうです。まず，言葉どおりに「好きじゃない」と解釈することができます。しかし，次の場合にはどうもそればかりではなさそうです。

> 暗い夜道，若い男女が無言で歩いています。2人の間には微妙な距離が感じられます。
> 女性：「私，ハッキリしない人好きじゃないの」
> 男性：「あの……君のことは」
> 女性：「ハッキリしてよ！」

どうも女性は男性のことが好きなようです。

このように話し言葉はその状況や声をトーンなどによって「解釈」できるものです。しかし，法令の場合にはこうした「状況」などというものがありません。では，なんで解釈するか。それは，法令（条文）の目的や趣旨に照らして解釈するのです。

たとえば，ある人の耳の近くで太鼓や鉦を大きく打ち鳴らしたらどうでしょう。「体に触れていないから」という理由で「暴行」にならないでしょうか？

〇 刑　法
（暴行）
第208条　暴行を加えた者が人を傷害するに至らなかったときは，2年以下の懲役若しくは30万円以下の罰金又は拘留若しくは科料に処する。

刑法208条の暴行の罪は，他人の身体への不法な攻撃を罰するものです。もし，気分が悪くなったり，めまいを起こしたりするほど大きく打ち鳴らしたとしたら，暴行に当たると解釈するしかありません（そういう判例もあります）。暴行という文字からはストレートに解釈できないかもしれませんが，条文の趣旨・目的からすれば「体に触れていないから暴行でない」というわけにはいかないはずです。

最終的な解釈権は裁判所にあります。しかし，解釈はいろいろな場面で行われています

法令の解釈を行うのは裁判所ばかりではありません。たとえば，行政庁は法令を運用するに当たって法令を解釈しないと始まらないはずです。国会や地方議会も，法令を制定する際に「解釈」を行っているといえます。裁判に訴える人も訴えられる人も，弁護士などの専門家の助けを借りるこ

とになりますが，自分の主張を通すために法令の解釈を行うはずです。

ただ，最終的な法令の解釈権は誰にあるかといえば，それは「裁判所」ということになります。あとでも述べますが「判例は重要だ」といわれるのは，そこに裁判所が示した法令の解釈が含まれているからなのです。

学説は公平や正義を見つけようとする先に生まれるものです

最後に「**学説**」というものにも触れておきましょう。法律を勉強し始めると，ある条文にいろいろな解釈が示されていることがあります。A説，B説，C説などとたくさんある場合さえあります。このようにある条文の解釈について考えられる主張のことを「学説」といいます。

「判例があるなら，それ以外の解釈なんて無駄じゃないの？」と考えるのは誤りです。いろいろな説の「強み」や「弱み」を理解することを通じて，条文を深く理解することができるからです。また，判例が示した解釈であっても，改められることがないとはいえません。そのため常に公平や正義を見つけようと考え続ける姿勢はとても大切なことなのです。大学の先生たちは結構「すごい」仕事をしているのです。

この本も読んでみて

だんだんと法律のことが気になり始めたらあなたにこんな本はいかがでしょうか。長谷川晃・角田猛之 編『ブリッジブック法哲学』(信山社出版，2004年)。「法とはなんだろう？」という質問にあらゆる面から答えてくれる1冊です。

8章
裁判の仕組みと判例を知る
：人生のドラマをのぞいてみる?!

1　「裁判の仕組み」に詳しくなろう

扱う事件のメニューはたくさんあります

　裁判所が扱う事件の種類は意外にたくさんあります。裁判所のウェブサイトでは次のような「裁判所が扱う事件」が挙げられています。居酒屋のメニューは見ているだけで楽しくなりますが，こちらのメニューは「人生のトラブル集」ともいえるので，少しつらい気持ちになります。

図表 8 − 1　事件の種類

民事事件	貸したお金を返してほしいなどの個人間の紛争や，売掛代金に関する企業間の紛争などを解決するための手続に関する事件
行政事件	国や地方公共団体が行った行為に不服がある場合など，行政に関連して生じた争いを解決するための手続に関する事件
刑事事件	窃盗などの犯罪の犯人だと疑われている人の有罪・無罪などを決めるための手続に関する事件
家事事件	離婚や相続など，夫婦や親子関係などの争いごとを解決するための手続に関する事件
少年事件	窃盗などの犯罪をしたと疑われる非行少年について，再非行防止

	のために最も適した措置を決めるための手続に関する事件
医療観察事件	心神喪失又は心神耗弱の状態で殺人，放火等の重大な他害行為を行った者について，医療観察法による処遇の要否などを決めるための手続に関する事件

(裁判所のウェブサイトより)

民事事件と刑事事件のこと，おさらいしておきます

少し**民事事件**と**刑事事件**のおさらいをしておきましょう。

民事事件では，訴えた方を「**原告**」，訴えられた方を「**被告**」といいます。私人間のトラブルですから，それぞれが証拠などを提出して法的な主張をし，裁判官は法令に照らして解決策を示します。裁判の手続は「**民事訴訟法**」に定められています。これに対して，刑事事件の場合には訴えられるのは，もちろん「犯罪を犯したと考えられる人」です。これを「**被告人**」といいます。では，訴えるのは（罪を追及する人は）誰かというと，それは国なのです。国は「**検察官**」という役職の人にこれを担当させています。これを「**起訴**」とか「**公訴の提起**」といいます。普通，警察官が証拠などを集めて，その集めた証拠などを基に検察官が起訴をします。ただ，検察官も捜査をすることがあります。刑事裁判の手続は，お話したように「**刑事訴訟法**」に定められています。

検察庁の捜査と警察の捜査の違いはなんですか？

警察は刑事事件の第一次的な捜査を行い，検察庁は起訴・不起訴を決定するための捜査を行います。日本では，起訴は検察官に与えられた権限であり，警察官は起訴できないことになっています。従って，検察官は裁判所に対し起訴してその処罰を求めるという責任があるた

8章　裁判の仕組みと判例を知る

め，警察からの捜査記録などを確認するだけではなく，その内容が真実であるかどうかを，事件の当事者から必要に応じて直接事情を聞くなどして，積極的に自ら事件の真相解明に努力しています。

（検察庁ウェブサイトより）

裁判のチャンスは3回あります。これを「三審制」といいます

3回もチャンスがあると1回ぐらいはうまくいくような気がするものです。さて，裁判の場合はどうでしょうか？

「**三審制**」という言葉を聞いたことがあると思います。慎重に裁判をする日本では裁判の不服申立てを原則，2回認めています。つまり，3回，裁判を受けるチャンスがあるというわけです。

「3つの裁判所は具体的にどこなの？」。よく受ける質問ですが，これは簡単には説明できません。裁判の対象や訴額によっても違い複雑なのです。典型的な場合といえるかどうかわかりませんが，イメージしやすいのが1審「地方裁判所」，2審「高等裁判所」，3審「最高裁判所」となる場合でしょう。

1審判決に不服の場合にさらに上級審に裁判を求めることを「**控訴**」といいます。ですから，2審を「控訴審」といいます。控訴審での判決が不服な場合にさらに上級の裁判所に裁判を求めることを「**上告**」といいます。この場合，最高裁判所が「上告審」となります。

図表8-2　三審制のイメージ

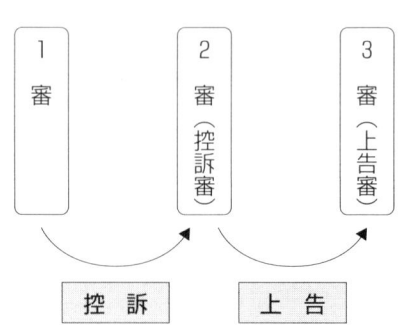

```
┌───┐   ┌───┐   ┌───┐
│ 1 │   │ 2 │   │ 3 │
│ 審 │   │ 審 │   │ 審 │
│   │   │（控│   │（上│
│   │   │ 訴 │   │ 告 │
│   │   │ 審）│   │ 審）│
└───┘   └───┘   └───┘
     ──控訴──▶    ──上告──▶
```

3つの裁判所の役割

　念入りの裁判はいいことですが，3つの裁判所が同じ審理をしても意味がありません。そこで役割分担がなされています。1審，2審は「**事実審**」で，3審が「**法律審**」です。聞きなれない言葉が出てきました。事実審という言葉と，法律審という言葉です。

　事実審というのは，当事者の主張から事実を探し出して法律を適用するステージです。まず，事実を明らかにしないと法律の適用はできないのですから，ある意味，当たり前の審理といえるかもしれません。これに対して，法律審は専ら，法律の適用関係を審理するステージです。事実は，基本的に1審，2審に任せて，法律の適用問題を扱うのが基本なのです。

最高裁判所の扉はかなり重いのです

　「まだ，最高裁判所がある！」なんて言葉もありますが，本当のところは，判決を見直してくれることはなかなかありません。というのは，上告

審は法律審ですから，上告は「それなりの法律問題」がないと認められない仕組みになっているからです。

　刑事事件では，憲法違反や最高裁判所の判例に反する場合に限られていますし，民事訴訟でも憲法違反の場合に加えて，専属管轄違反や判決理由の不備などの重大な手続違反に限られています。ただ，上告審が最高裁判所の場合にはこれ以外にも上告を認める場合があります。「法令の解釈に関する重要な事項を含むものと認められる事件」なら上告を受理してくれるのです。

　🟢 民事訴訟法
　（上告受理の申立て）
　　第318条　上告をすべき裁判所が最高裁判所である場合には，最高裁判所は，原判決に最高裁判所の判例（略）と相反する判断がある事件その他の法令の解釈に関する重要な事項を含むものと認められる事件について，申立てにより，決定で，上告審として事件を受理することができる。
　　2～5　略

　そのため，とくに民事訴訟では「2審の判決にはこれまでの最高裁判所の判例とは異なる判断が含まれています！」などと，必死に「**上告受理の申立て**」を行い，最高裁判所の扉を開こうと努力します。しかし，「むなしい努力」に終わる場合が多いという現実があります。

2　判決を読めるようになろう

「判決書風」の読み物で最高裁判所の判決に慣れよう

　「判決なんて縁がない」。そうかもしれません。ただ，法律の勉強や仕事の関係で見なければならない日もくることでしょう。ここでは，最高裁判所の正式な判決文である**「判決書」**（はんけつがき）の見方を簡単にお伝えします。ただ，「本物」を読むのは少し骨が折れます。そこで判決書風の文書を仕立ててみました。言葉をわかりやすくし，しかも分量を圧縮したので，これなら読みやすいかもしれません。判決書で，どんな順序でどんなことが書かれているのか，その構成のようなものを感じてもらえればと思います。問題となった事件は作り話（フィクション）ですが，こんな事件でした。

　　「一度，お相手してもらいたいもんだなぁ」セクハラ事件
　　ある会社（Y）の経理室でのセクハラ事件です。この経理室の男性管理職Xは，ことあるごとに女性社員にセクハラ発言を繰り返していました。「一度，お相手してもらいたいもんだなぁ」が彼の口癖です。女性社員たちは派遣社員だったこともあり，なかなか厳しく注意することはできませんでした。しかし，女性社員Aが思い切って実情を話し，会社（Y）の知るところとなりました。会社（Y）はその男性職員に30日間の出勤停止の懲戒処分を行い，懲戒処分を受けたことを理由に係長級に降格させました。これで一見落着と思いきや，納得できないXは「懲戒処分は十分な理由がなく無効だ！　もとの管理職に戻してくれ」と懲戒処分の無効などを裁判所に求めました。

　この事件では，1審はXの訴えを退けましたが，2審は意外にも，懲戒

処分の無効を認め管理職の地位にあることを確認する判決を出しました。そこで，会社Ｙが上告しました。

　少しマニアックな知識ですが，判例に出てくる当事者などを表す記号について先に説明しておきます。昔は，民事訴訟では，原告を「甲」と，被告を「乙」としていましたが，今では原告を「Ｘ」と，被告を「Ｙ」と表現するのが普通です。ですから判例の記号を見れば，どちらが訴えた方（原告）で，どちらが訴えられた方（被告）かがわかる仕組みになっています。ちなみに，当事者以外の関係者はＡ，Ｂ，Ｃ……と表現されます。

　では，判決書（風）をお読みください。

平成○○年（受）第○○○○号 懲戒処分無効確認等請求事件（※１）
平成○○年○月○日 第一小法廷判決（※２）

　　　　　　　　　　　主　　文（※３）

もとの判決のうち，上告人（会社）が負けた部分は破棄します。
その部分で，被上告人（男性職員）の控訴は理由のないものして退けます。
裁判費用は裁判に負けた被上告人（男性職員）が負担しなさい。

　　　　　　　　　　　理　　由

上告人（会社）側の弁護士が主張する上告受理申立て理由について検討したので，その検討結果を説明します。
　Ⅰ　事実審で確定した事実はおおむね次のようなことです。
(1) 男性社員Ｘは課長代理（管理職）で，セクハラを受けた女性社員Ａは派遣社員であった。
(2) 男性社員Ｘは経理室に配属された５年前より同じ部屋の女性社員

たちに別紙のようなセクハラを日々続けてきた。

⑶ 会社Yはセクハラ防止研修を実施し，男性社員もこの研修を受けていた。

⑷ 懲戒処分を受けた場合には降格する決定ができる旨の社内規定が会社Yには存在していた。

⑸ 男性社員Xは会社Yより30日間出勤停止の懲戒処分を受け，係長に降格したため年間にして150万円余り収入が下がった。

Ⅱ　2審では上のような事実の下で，懲戒処分の無効を認め，管理職の地位にあることを認めましたが，それは以下のような判断をしたからです。

セクハラを続けたのは事実ですが，女性社員から「きっぱり」と「やめてください」と拒否がなかったことや，会社が「そんなことをしていたら懲戒処分になるぞ！」と警告しなかったことを考えると，男性社員に酷すぎるといえます。

Ⅲ　2審の判断を検討してみます

2審では，女性社員から「きっぱり」と「やめてください」と拒否がなかったことを理由として挙げていますが，派遣社員という立場ですし，「職場の人間関係を悪化させるかも」と思うとなかなかいえなかったに違いありません。また，経理室は他の部署から離れているので会社もセクハラの常態化を知らなかったのでしょう。懲戒処分を受ける前に，警告や注意などを会社から受けていなかったというけれど，男性社員は会社のセクハラ防止の取り組みなどは知っていたはずですし，研修も受けていたのですから，こうした懲戒処分の手続や重さに問題はありません。だから，懲戒処分も降格も有効なのです。

こうした判断と異なる2審の判断は間違っています。ですから2審の判決は破棄します。男性社員Xの請求を棄却した1審判決は正

> しいのですから，控訴も棄却しなければなりません。
> 　裁判官○○○○の反対意見（※4）があるほか，裁判官全員一致の意見で，主文のように判決します。
> 　裁判官○○○○の反対意見は，次のようなものです。
> 　いくら研修をしても，男性のなかにはセクハラの感度が極めて鈍い者がいます。私は，色々な事情があるにしろ，女性社員は直接，強い拒否の態度を示すべきだったと考えます。そうしたことがない以上，2審の判断は誤りとはいえず，多数意見とは意見が違いますが，上告は棄却すべきと考えます。
> （裁判長裁判官　××××　裁判官　○○○○　裁判官　△△△△　裁判官　□□□□　裁判官　◇◇◇◇）（※5）
> （別紙）　略

判決書（風）の注意事項（※印）を説明しておきます。

※1　「懲戒処分無効確認等請求事件」が事件名です。ただ，同じ名前の事件はいくつもあるので区別が必要です。そこで，番号をつけて区別しています。「平成○○年（受）第○○○○号」がこの事件の**「事件番号」**です。「（受）」なんていう，へんてこな記号がついていますが，これは「民事上告受理事件」を示しています。

※2　「平成○○年○月○日　第一小法廷判決」とあるのが「判決年月日」です。最高裁判所には**小法廷**が3つあります。事件は順番に第1から第3の小法廷に割り振られます。最高裁判所にはほかに裁判官全員からなる**大法廷**があります。大法廷は，はじめて法令の憲法判断をするときや，これまでの最高裁が示した法令の解釈を変更するときなどにしか開かれません。新聞で「○○事件，大法廷へ」といった見出しを目にします。「大法廷で審理されるだけで，どう

してニュースになるのだろう？」と思うかもしれませんが，「最高裁判所がこれまでとは違った判断をするかも！」との期待を示すものなのです。最高裁判所の判例を引用するときには，大法廷判決の場合には「最大判平○○・×・△」とし，小法廷に場合にはただ「最判平○○・×・△」とします。「平」は平成の意味で，「大」の文字は大法廷の「大」です。

※3　**「主文」**は判決の結論部分です。全裁判官が一致した意見の場合もありますし，多数意見の場合もあります。

※4　最高裁判所の判決には**少数意見**がある場合には，この少数意見もつけられます。なんだか裁判の舞台裏を見せるようですが最高裁判所裁判官には「**国民審査**」の制度があるからです。衆議院の選挙の際に「辞めさせたい裁判官に×をつけてください」というあれです。

※5　小法廷は5人の裁判官からなります。最後に全員の裁判官の署名があります。

実は元ネタともいえる事件があります

判決書風で示したセクハラ事件ですが，実は参考にしたセクハラ事件判決があります。「最判平27・2・26」がそれです。もっと事情や主張は複雑ですが，この章を参考にして，是非，「本物」を見てほしいです。本物では「別紙」の部分に，男性社員のセクハラ三昧(ざんまい)の様子がたくさん書かれています。ほんの少しだけ挙げておきます。

　　被上告人X1は，平成23年，従業員Aが精算室において1人で勤務している際，同人に対し，複数回，「夫婦間はもう何年もセックス

レスやねん。」、「でも俺の性欲は年々増すねん。なんでやろうな。」、
「でも家庭サービスはきちんとやってるねん。切替えはしてるから。」
と言った。

判例といえば取り澄ましたようなイメージですが、その背後には等身大
の人の生活が横たわっています。こうしたことを踏まえたうえで、うまく
「さばく」のが裁判なのでしょう。

裁判所のウェブサイトから実際の判決書を見よう

さて、パソコンの前に行き、参考にした判決を見てみましょう。まず、
裁判所のウェブサイトのトップページの「裁判例情報」のタブをクリック
します。さらに「最高裁判所判例集」を選ぶと、図表8-3のような画面
が出てきます。判決年月日だけわかれば検索できますので、（画面1）のよ
うに判決年月日を入れて検索してみます。

図表8-3　画面1

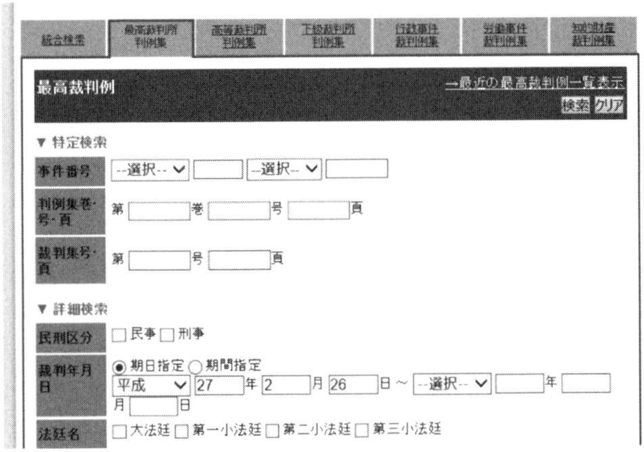

Ⅱ　法律の常識

すると画面2に移ります。

左側の「最高裁判例」という部分をクリックすると、判決の「概要」が見られますし、右側の「全文」をクリックすると判決全体が見られます。

図表8－4　画面2

```
[統合検索] [最高裁判所判例集] [高等裁判所判例集] [下級裁判所判例集] [行政事件裁判例集] [労働事件裁判例集] [知的財産裁判例集]

最高裁判例                    →検索条件指定画面へ戻る
1件中1～1件を表示
                                          裁判年月日降順 ▼

最高裁判例    平成26(受)1310　懲戒処分無効確認等請求事件       全文
             平成27年2月26日　最高裁判所第一小法廷　判決　破棄
             自判　大阪高等裁判所
```

> **でも、正確に事実を押さえるには「民集」か「刑集」を見るのがいいでしょう**

「どんな事件だったのか？」。それを知るためには最高裁の判決だけでは不十分です。そのための大学の先生は「『民集』や『刑集』に当たれ！」といいます。オフィシャルな判例集ともいえるのが**「民集」**と**「刑集」**です。正式には「**最高裁判所民事判例集**」、「**最高裁判所刑事判例集**」といいます。「プロが厳選した素材を使って」というのが近頃の高級料理の決まり文句ですが、この「民集」や「刑集」も、最高裁判所判例委員会が厳選した判例が載せられています。

この判例集のいいところは、最高裁判所の判例のあとに「参照」として1審、2審の判決が掲載されていることです。お話したように1審、2審は事実審ですから、どんな事件だったのかが詳しく掲載されています。

カッコつけていうと,「法令の適用は事実より出発する」ものです。大学の先生が「『民集』や『刑集』に当たれ！」というのも,そのためです。

「民集」と「刑集」は合本されて「最高裁判所判例集」として毎月発刊されています。大学や法学部の図書館に行けば見ることができるはずです。

この本も読んでみて

判例の読み方や調べ方について,まんべんなく教えてくれるのが池田真朗 編著『判例学習のAtoZ』(有斐閣,2010年)です。もし,少し難しいと感じたら,井口茂 著／吉田利宏 補訂『判例を学ぶ〔新版〕』(法学書院,2010年)でもいいでしょう。また,逆に深めたいと思ったら,中野次雄 編『判例とその読み方〔三訂版〕』(有斐閣,2009年)というレジェンドな本もあります。

Ⅱ　法律の常識

9章
法律ができるまで
：法律は汗と涙と知恵の結晶です！

1　ドラマ風「法律ができるまで」

> **法律案が国会で成立するまでの過程を，ドラマ風（フィクションです）に仕立ててみました**

　20××年，カレーライスがにわかに大ブームになったことから与党，自新党議員を中心に「カレーライス議員連盟」が結成されました。身近な食べ物であるカレーライスを通じて，食をめぐる環境を考え直そうというのです。**議連**ではカレーを「新・日本食」のひとつと位置づけ，祝日法を改正して，9月6日を「カレーライスの日」にすることを目指す活動方針を確認しました。9月6日としたのは，9と6がカレーのスプーンをイメージさせたからです。

　カレーライス議連は，党派を超えて広がりをもつものの，自新党内においても「新・日本食」とすることに反発を感じる者がないわけではありません。農業が盛んな地域の議員からは，米の消費を拡大するためにも「ライスカレーの日」としてはどうかとの意見も出されました。また，野党議員のなかには旧海軍で食べられて普及した歴史を問題化する議員もいます。

ただ，カレーライスを信仰の対象とする「日本カレー教」が各地で信者を増やし，実質的にこの団体が経営するカレー店「カレーの止まり木」が爆発的に店舗数を増やしている状況があります。与党としてはこの勢力を総選挙前に取り込みたいという思惑が見え隠れします。また，政府内においては，カレーライスをテコにして，インドとのさらなる経済連携を深めたいとのねらいもあり，祝日法改正という形でのアピールが求められているようです。

　順調に進むかと見られたカレーライスの日ですが，思わぬ障害が発生しました。連立与党の正直党が「ハヤシライス友の会」から献金を受けており，与党内での意見の対立が生まれたからです。さらに，漏れ聞こえるところによると，カレーライスをたたえる意味合いの日を祝日法に加えることは，憲法が定める「政教分離」に抵触するおそれがあるとの指摘を内閣法制局筋から受けたとのことでした。

　国会の会期も限られていることから，カレーライス議連は内閣提出法案での祝日法改正をあきらめ，議員立法に切り替えました。その際，カレーライスの日ではなく，インドで「ソース」を意味する「カリー」の言葉を使い「カリーの日」とすることなどで与党内の調整が図られました。「カリー」であれば，広い意味では「ハヤシライス」を含めることもでき，また，インド政府へのアピールもより直接的になると考えてのことです。

　早速，衆議院法制局に法案作成の依頼をするとともに，法案の党内手続を開始しました。保守色も薄まったことから，反対する政党もなく，内閣委員会の委員会提出法案となりました。衆議院本会議で可決後，すぐに参議院に送付され，参議院でも委員会，本会議で可決し，「カリーの日」が祝日に加えられることになったのでした（この話はフィクションです）。

Ⅱ　法律の常識

> ちなみに，成立した法律はこんな感じです（実際には存在しません）

○ 国民の祝日に関する法律の一部を改正する法律
　国民の祝日に関する法律（昭和23年法律第178号）の一部を次のように改正する。
　第２条　山の日の項の次に次のように加える。
　　カリーの日　９月６日　ごはんをおいしくするカリーに感謝し，食文化に思いをいたす。
　附　則
　　この法律は平成30年１月１日から施行する。

2　法律を作ろうとする動機

> 法律を作ろうとする動機は「いろいろ」です

　20××年，カレーライスがにわかに大ブームになったことから与党，自新党議員を中心に「カレーライス議員連盟」が結成されました。身近な食べ物であるカレーライスを通じて，食をめぐる環境を考え直そうというのです。

　法律を作ろうとする動機は本当にいろいろです。事件・事故・災害などが社会問題化して「法律が必要だ！」と思われる場合もあれば，○○省の幹部が「××法を改正したい！」と与党に働きかける場合もあります。「法改正は役人がいいだすもの」と思われがちですが，必ずしもそうではありません。ただ，いえるのは事件・事故・災害などをきっかけにする場合に

は「急いで」法案が作られます。これに対して，政府部内で必要だとされる場合には，ある程度，長い時間をかけて少しずつ改正の内容が固まっていきます。というのは，法律を所管している省庁には，その法律に関するトラブルやら苦情やらが寄せられ，自然とその法律の問題点が意識されるからです。また，業界団体からの「働きかけ」もないとはいえません。そうした情報を踏まえて，「次の国会に改正案を出そうか……」といったことになります。社会問題が起こって，それが全部の政党が関心をもつようなテーマだと，いろいろな政党から集まる議員からなる勉強会が生まれることがあります。これが「〇〇議員連盟」と呼ばれるものです。

3　法案の内容はこうして決められます

法案の内容は様々な方面から調整がなされます

　カレーライス議連は，党派を超えて広がりをもつものの，自新党内においても「新・日本食」とすることに反発を感じる者もないわけではありません。農業が盛んな地域の議員からは，ごはんの消費を拡大するためにも「ライスカレーの日」としてはどうかとの意見も出されました。また，野党議員のなかには旧海軍で食べられて普及した歴史を問題化する議員もいます。

　政府が中心となる法案の場合には改正案の原案は政府部内で作られます。しかし，A省の法案にB省が意見をいったり，国の財政を預かる財務省が注文を出すなど，政府部内の調整はたいへんです。
　議員が中心になって改正案をまとめる場合には，そうした政府部内の調整はありませんが，それぞれの党の思いやそれぞれの議員の思いがあるの

Ⅱ　法律の常識

で，別な意味での調整がたいへんです。また，こうした改正にちゃっかり乗ってしまおうと，それぞれの省庁が働きかけをすることもあり，さらに「めんどうなこと」になることもしばしばです。こうした調整の結果，「どっちの方向を向いているのかわかりにくい」法案ができあがる危険性もあります。

4　法制局の役割

> 内閣提出法案は必ず内閣法制局の審査を受けます

　　さらに，漏れ聞こえるところによると，カレーライスをたたえる意味合いの日を祝日法に加えることは，憲法が定める「政教分離」に抵触するおそれがあるとの指摘を内閣法制局筋から受けたとのことでした。

　日本では**内閣法制局**，衆議院法制局，参議院法制局があり，このどれかの法制局を経て法律案が作成されます。ただ，内閣法制局と衆議院法制局・参議院法制局（以下，まとめて「**議院法制局**」といいます）とは少し役割が違います。

　内閣法制局の審査は法律で定められています。内閣が法案を提出する前にはその内容を閣議決定するのですが，内閣法制局設置法3条1号でその案を審査することが定められているからです。ところが，国会法にはそのような規定がありません。議院法制局は「議員の法制に関する立案に資するため」に置かれているにすぎないのですから，議員は議院法制局を経ないでも法案を国会に提出することも法的には可能といえそうです。ただ，そうはいっても，実際には法律案や修正案を国会に提出する際には議院法制局に相談があり，手伝いをするよう命じられます。

法制局が行うのは内容がいいとか悪いとかのチェックではありません。憲法に反していないか，他の法律との関係が整理できているかなどの点からのチェックなのです。難しい言葉で，こうした作業を「**法的整合性**を図る」作業といいます。

◯ 内閣法制局設置法
（所掌事務）
第３条　内閣法制局は，左に掲げる事務をつかさどる。
　一　閣議に附される法律案，政令案及び条約案を審査し，これに意見を附し，及び所要の修正を加えて，内閣に上申すること。
　二　法律案及び政令案を立案し，内閣に上申すること。
　三　法律問題に関し内閣並びに内閣総理大臣及び各省大臣に対し意見を述べること。
　四・五　略

◯ 国会法
第131条　議員の法制に関する立案に資するため，各議院に法制局を置く。
　２～６　略

法制局職員は全部で230人あまりしかいません

そんな縁の下の力持ちともいえる法制局ですが，職員は３つの法制局を合わせても230人あまりしかいません。日本には１億2500万人ほどの人口があるのですから，飲み会でたまたま隣り合った人が法制局職員である確率は約53万分の１ということになります。年末ジャンボ宝くじで100万円当選する確率が10万分の１ですから，法制局職員に出会うこと

は100万円当てるよりずっと難しいのです。この希少性は国家公務員界のツチノコといってもいいでしょう。

図表9-1　三法制局の定員

内閣法制局	衆議院法制局	参議院法制局
77人	82人	75人

5　国会提出までに党内の調整があります

法制局での審査と並行して「党内手続」が行われます

早速，衆議院法制局に法案作成の依頼をするとともに，法案の党内手続を開始しました。

内閣提出法案の場合には内閣法制局の審査を受けて案を固め閣議決定します。**議員提出法案**の場合には，議員の意向を受けて議院法制局の担当課が条文を作り，部長以上の局内の審査を受けます。この間，政党の内部での審査や与党内での調整などが行われます。こうした「**党内手続**」は，法制局の審査と並行して行われます。

党内手続はスンナリと終わることもあれば，反対派の巻き返しがあって「荒れる」こともあります。政府の役人や議院法制局の職員は，その場にいますが，尋ねられでもしない限りだまって成り行きを見守っているのが普通です。

6　いよいよ国会提出です

「委員会⇒本会議」。これを衆参 2 回繰り返し，法律は成立します

　内閣委員会の委員会提出法案となりました。衆議院本会議で可決後，すぐに参議院に送付され，参議院でも委員会，本会議で可決し，「カリーの日」が祝日に加えられることになったのでした。

　法案の提出は衆議院にしようが，参議院にしようが構いません。議員立法の場合，提出の方法としては「議員が賛成者を集めて提出する方法」と「委員会で案を固めて委員長が提出する方法」があります。どの政党も賛成できるような法案だと委員会提出法案となることが多いものです。委員会提出法案の場合には，その委員会での審議は省略されます。みんなで法案を作り上げたのですから審議の必要はないということなのです。あとは本会議だけです。

　さらに，衆議院で先に可決した場合には参議院に法案が送られます（参議院で先に可決した場合には衆議院に法案が送られます）。それぞれの院で，委員会⇒本会議の順で審議されて「法案」は「法律」となります。

図表 9 − 2　国会における法案審議

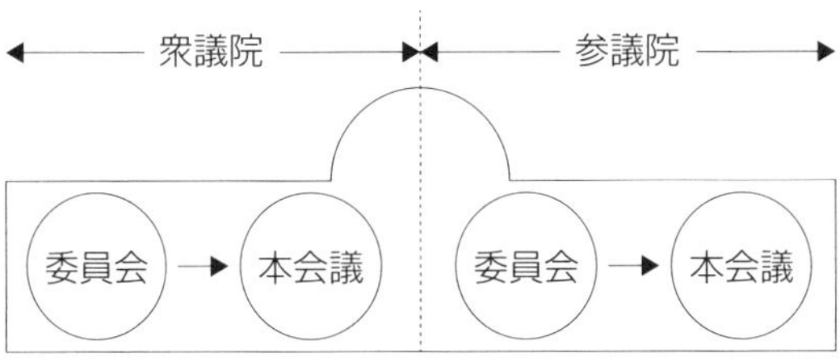

```
◀─── 衆議院 ───▶◀─── 参議院 ───▶
   委員会 → 本会議    委員会 → 本会議
```

II　法律の常識

会期末には与野党のバトルがつきものです

　よく会期末になると，与党は強引に法案を可決させようとし，野党は法案を通さないように「がんばる」ものです。これは国会が会期という決まった期間しか活動できないことと関係があります。会期はいわば，国会の「営業期間」です。会期が終わってしまうと，審議していた法案などは「なかったこと」になるのが原則です。ですから，なんとしても，会期中の決着を図ろうとする与党と，そうはさせまいとする野党との間で「バトル」が展開されるのです。野党からすれば時間切れに持ち込めば「勝ち」なのですから，「慎重審議を！」という言葉も，そうしたなかで主張されることがあります。ただ，例外的な手続を経た議案については次の会期に持ち越すことができます。こうした議案を「継続審査案件」といいます。

この本も読んでみて

　少し前の本ですが，法律ができるまでの過程をドキュメンタリータッチで描いた本に読売新聞政治部『法律はこうして生まれた』(中公新書ラクレ，2003年)があります。

10章
法令の種類を知る
：法律は「社長」のようなもの?!

1　社会と法律

ミジンコに法律は必要ありません

　「ミジンコに法律は必要ありません」。当たり前といえば当たり前です。ミジンコはプランクトン。文字も読めませんし，しゃべれません。しかし，こうもいうことができます。「ミジンコには社会がありません。だから，法律はいらないのです」。辞典を引いてみると，社会とは「お互い影響を及ぼす者の集まり」というような意味のようです。たしかに，ミジンコは群れています。しかし，意思があってそうしているわけではありませんし，ましてや，他のミジンコ仲間に興味があるわけでもありません。ミジンコはほかの仲間を押しのけて光に集まります。ただ，それは単に光に対して反応しているにすぎないのです。

　状況としては似ていますが，バーゲン品に群がる女性（男性）とは異なります。彼女（彼）らはお互いを意識しながら，より安いものを手に入れようとしのぎを削っているのです。ですから，「1人2点までにしてください」と群がる人たちにルールを定めることは意味があるのです。「お互

Ⅱ　法律の常識

いを意識しながら暮らす集団」，つまり「社会」に必要なものが法律です。それはお互いのぶつかりを調整する道具だということができます。

法学で取り上げる「法律」とは何だろう？

　「社会あるところに法律あり」。この場合の「社会」って何でしょう。「国や自治体」はもちろん社会ですし，「〇〇株式会社」もひとつの社会といえるでしょう。もっといえば「あなたと私」も一番小さな社会なのかもしれません。

　また，ルールとか約束とかという意味とすれば，社会に「法律」はたくさんあります。契約と法律との違いは，3章でお話しましたが，法学で主に学ぶ「法律」は，「AさんとBさんの約束」というような個別のルールではなく，不特定の人に向けられるルールという要素があるように思います。もっというと，定めるのが国や自治体ということもあるでしょう。

　たとえば，会社（使用者）にはそこで働く人が守るべきことや労働条件などを定める**就業規則**というものがあります。この就業規則は働く人にとっては「法律」かもしれませんが，法学で学ぶ「法律」ではないかもしれません。むしろ，一定の場合に，就業規則を定めるよう義務づける労働基準法の規定こそ「法律」なのでしょう。

　◯ 労働基準法
　（作成及び届出の義務）
　　第89条　常時10人以上の労働者を使用する使用者は，次に掲げる事項について就業規則を作成し，行政官庁に届け出なければならない。次に掲げる事項を変更した場合においても，同様とする。
　　　一〜十　略

ここまでお話すると，もう気がついた読者も多いことでしょう。「不特定の人に向けられた国や自治体が定めるルール」を「法律」といってきましたが，これは正確ではありません。本当はこれらのうち，国会が定めたものだけが「法律」と呼ばれます。私たちの生活にかかわる法の種類はたくさんあります。ここではその種類を紹介することにします。

2　国の法令・自治体の法令

国民（住民）に向けられたものと，そうでないものの分類から始めよう

「冷蔵庫の中」は突然，気になり始めるものです。「そういえば，しばらく整理していなかった……」。そんなとき，最初にするのが「まだ食べられるか，食べられないか」の分別です。賞味期限を頼りにもう食べられなさそうなものをはじき出します。

法の種類の整理でいえば，最初の分類は「国民（住民）に向けられたもの」と「そうでないもの」の分類です。国や自治体が定めた法であっても両者があります。ここでは国民に向けられたルールで権利義務にかかわるものを「**法令**」ということにします（「**法規**」という言葉を使うこともありますが，これもほぼ同じ意味です）。つまり，国や自治体が定めた法には「法令」と「法令でないもの」が存在するわけです。

　　　国民（住民）に向けられたものなの？　YES⇒法令
　　　　　　　　　　　　　　　　　　　　　NO⇒法令でない

「法令ではないもの」はイメージしにくいかもしれません。ひとつだけ例を挙げると「通達」があります。「**通達**」は，上司の行政機関が部下の行政機関に出す命令や指示のことです。どんな内容であろうと国民（住民）

Ⅱ 法律の常識

に向けられたものではありません。だから法令ではありませんし、国民はこれに従う必要はありません。

　ただ、国民（住民）とは関係がないかといえば、「微妙」です。「通達」は、その法律の運用の方法やその法律に基づく取締りの方針など「行政の手の内」が書かれているからです。公務員はその通達に従って仕事をします。ですから、通達を見れば「ああ、こういう趣旨だったのね」とか「こんなことをすると違反になるのね」と理解できたりします。それでも、直接、国民（住民）に向けられたものではないので法令ではありません。

　後ほど説明しますが、「法令でないもの」にはいろいろあります。むしろ、「国や自治体の法令」を押さえたうえで、それ以外は「法令ではないかも？」と整理するのがいいかもしれません。早速、「国の法令」や「自治体の法令」にはどんなものがあるか説明します。

国の法令には「法律」、「政令」、「省令（内閣府令）」があります

　国の法令には、**法律**、**政令**、**省令**（内閣府令）」があります。そして、これらの法令は「上下関係」にあります。「法律」が一番上で、その次が「政令」、次が「省令」です。会社でいえば、法律が「社長」、政令が「部長」、省令が「課長」といったところです。

図表10−1　法令のピラミッド

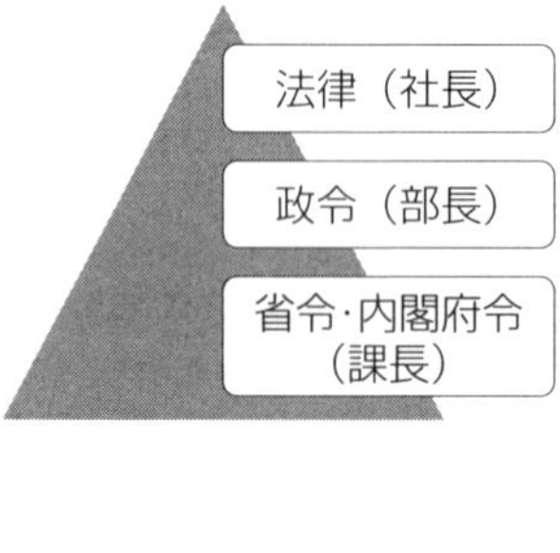

法律（社長）
政令（部長）
省令・内閣府令（課長）

110

会社では上司のいうことを聞かない部下もいるものですが，国の法令の上下関係は絶対です。法律や政令に反する「省令」は無効ですし，法律に反する「政令」も無効です。

　法律が一番，上位なのは国民の代表である国会が定めたルールだからです。これはとてつもなく重いことです。法律では，国民の権利を制限したり，義務を課したりすることができますが，それは国民の代表がそれを定めたからこそできるのです。ただ，細かいことまですべて法律には定め切ることはできません。そこで，細かいことは政令や省令に任されることになります。

　法律が政令に任せるか，省令に任せるかは，社長が仕事を部長に任せるか，課長に任せるかの判断と似ています。より重要なことは政令に，それほど重要でないことが省令に任されます。政令は内閣が定めるものです。内閣というのは，内閣総理大臣と各大臣たちの集まりです。行政の意思を最終的に決める機関です。省令はそれぞれの大臣が定めることができます。政令よりはグレードが下がる理由がそこにあります。なお，内閣府が出す「省令みたいなもの」には**内閣府令**というプレミアムな名前がついています。しかし，プレミアムなのは名前だけでグレード的には省令と同じです。

図表10-2　法令，政令，省令の違い

名　称	制定権者	具体例
法　律	国　会	○○法
政　令	内　閣	○○法施行令など
省令（内閣府令）	各大臣	○○法施行規則など

Ⅱ　法律の常識

法律，政令，省令の関係をイメージしよう

「どんなことが政令に任され，どんなことが省令に任されるか」という振り分けの基準はあるようでありません。ただ，原則としては，権利制限などによりかかわりが深いことは政令に任されているようです。また，法律で政令に任せて，政令でさらに細かいことを省令に任せるということもあります。架空の事例ですが，法律，政令，省令のイメージ条文を作ってみました。

図表10－3　イメージ条文

法　律	3歳以下の幼児はのどに詰まらせるおそれがあるため球状のキャンディその他の球状の菓子を食べさせてはならない。ただし，政令で定める直径以下の菓子についてはこの限りではない。
政　令	法律第X条で定める直径は6mmとする。ただし，省令で定める材料でできたものについては8mmとする。
省　令	政令第○条の材質はラムネとする。

「憲法はどうしたの？」と思ったかもしれません。忘れているわけではありません。憲法は，国の法令と自治体の法令のすべてがよって立つ「土俵」のようなものです。その証拠に憲法にはこんな条文があります。

○　憲　法
　　第98条　この憲法は，国の最高法規であつて，その条規に反する法律，命令，詔勅及び国務に関するその他の行為の全部又は一部は，その効力を有しない。
　　2　略

自治体の主な法令は「条例」と「規則」です

さて、次は自治体の法令です。自治体での主な法令には「**条例**」と「**規則**」があります。議会の定めた法令が「条例」で、知事や市町村長の定めた法令が「規則」です。

図表10－4　条例と規則

条　例	自治体の議会が定めた法令
規　則	知事や市町村長が定めた法令

自治体の法令のポイントは、条例と規則との関係が上下関係にないことです。「上下関係にない」というのは「条例と規則は同じくらい重要な法令で、一定の場合を除いて、どちらで定めてもいい」ということです。

「議会が定めた条例と同じくらい規則が重要というのはおかしいんじゃないの？」。そう思ったかもしれません。しかし、そこが自治体らしいところなのです。そのわけをお話しましょう。

国の行政のトップは内閣総理大臣です。ですが、内閣総理大臣は直接、国民が選んだ存在ではありません。ですから、国では国民を代表するのは国会だけといえます。法律が政省令に比べて、とてつもなく重い理由がそこにあります。

ところが、自治体では議員ばかりでなく、知事や市町村長も住民が直接、選挙で選びます。ですから、知事や市町村長が定める規則も重いのです。自治体では、住民が選ぶ代表が２チャンネルあるわけです。いわば、社長が２人いるようなものです。議会と市長がライバルとして張り合い、結果として自治体が住民のためのものになる。それが法律の「ねらい」なのです。なお、教育委員会や公安委員会もその権限内で規則を定めること

Ⅱ 法律の常識

ができますが、この場合の規則は「**教育委員会規則**」、「**公安委員会規則**」といいます。

条例と条例施行規則の間だけは上下関係にあります

ただ、ややこしいことがひとつあります。「条例で細かいことまで定めきれない場合、どうするのか？」という問題です。法律の場合には、政省令があるわけですが、条例の場合にはそういったものが見当たりません。そこでこの場合にも規則に助けてもらいます。そのときの規則のことを「**条例施行規則**」といいます。規則のうちでも、条例と条例施行規則との関係についてだけ見れば、上下関係にあります。

少し複雑なことをいいましたので、条例と規則との関係を図表10－5にまとめておきます。

図表10－5　条例と規則との関係

○原則

条　例	規　則

○例外（条例施行規則）

条　例
規　則

3　法令類似概念

「法令みたいなもの」に気をつけろ！

さて、私にとってビールといえば「第3のビール」です。値段が安いし、

味にも満足しています。缶を見ると「リキュール（発泡性）」とありますが，おいしければまったく気になりません。本当のビール好きなら味の違いがわかるでしょうが，私にはほとんど違いがわかりません。とくにグラスに注いだ感じは色といい泡の立ち方といい，見かけで区別するのはほとんど不可能です。

　見かけで区別できないといえば「法令」と「法令みたいなもの」です。内容的には国民に向けられたものではないので法令ではないのですが，見かけのうえでは法令そっくりのものが存在します（以下の要綱を見てください。そっくりでしょ！）。ここではそれを「法令みたいなもの」と呼ぶことにしましょう。

○ 川崎市小学校ふれあいデイサービス実施要綱
　（趣旨）
　第1条　この要綱は，介護予防の観点から，小学校内の教室を改修したデイサービス施設（以下「ふれあいデイサービスセンター」という。）において，デイサービスを提供する事業を行うために必要な事項を定めるものとする。

　法令みたいなものの代表例として，**「通達」**，**「要綱」**，**「通知」**があります（通達と同様の意味で「訓令」という表現をとることもあります）。こうした「法令みたいなもの」の役割や性格を示すと次のようになります。

図表10－6　法令類似概念の特徴

通　達（訓令）	上級行政機関が下級行政機関に出す命令や指示
要　綱	事務処理のために定めた行政内部の基準やマニュアル
通　知	通達の出せない相手に対して「従ってほしい」という気持ちを込めて出す「お知らせ」や「アドバイス」

II　法律の常識

要綱は仕事上の「マニュアル」。通知は「お知らせ」や「アドバイス」です

　通達の説明はもうしましたので，要綱と通知についても説明しておきます。

　要綱というのは基本的に公務員に向けられたもので，仕事上のマニュアルです。ファーストフード店なら「フライドポテトは30秒で揚げること」とか，ファミリーレストランでは「入り口で『いらっしゃいませ。お客様，何名様でいらっしゃいますか？』ということ」といったことが事細かく冊子になっていますが，あれと同じです。誰が担当しても同じように対応できるように定められているのですが，要綱でも目的は同じです。

　さて，突然ですが，問題です。あなたが市役所の職員だったとします。窓口で住民の対応をしていると「なぜ市ではこうした取扱いをしているのですか？」と少し非難めいて尋ねられました。AとBのうち，住民への説明として，してはいけないのはどちらでしょうか？

　　A　○○条例（規則）○条にそう規定されています
　　B　××要綱×条にそう規定されています

　もうわかりましたよね。Bは説明になっていません。要綱は事務処理のためのマニュアルだからです。一方，条例や規則は公務員ばかりか市民もそれに従うのは当たり前のことです。ですからAの答えは「あり」でしょう。では，条例や規則には定められておらず，要綱に従った結果である場合にはどう説明すればいいでしょうか。その場合にはそうした要綱の趣旨を話して納得してもらうのがいいでしょう。

　たとえば，ファミリーレストランで「おひとり様は4人席ではなく，2人席に案内する」というマニュアルがあったとします。2人席に案内した

ところ「なんで４人席ではダメなんだ」とお客様にいわれたとします。「マニュアルにありますので」と答えたら「大炎上」です。もちろんお客様を１人でも多くお迎えしたいという気持ちはあるでしょうが，混雑時に相席になる可能性があるなら，「混雑時にはお相席をお願いすることがありますが，よろしいですか？」といって，２人席に通した理由をそれとなく伝える方がお客様にも納得してもらえるのではないでしょうか。

さて，もうひとつが「通知」です。通達は上下関係にある者しか出せません。たとえば，国と県との関係，国と市町村との関係は，分権改革後，完全に対等関係になっています。だから，国から地方に通達を出すことはできないのです。そんなとき，「国が地方にこの法律はこんな風に解釈してほしいなぁ」と思ったら，「通知」しかありません。また，国の省庁が業界団体などに協力を求めるようなときにもこの「通知」を使います。

通知は図表10－6にもあるように「お知らせ」や「アドバイス」です。従ってもいいし，従わなくてもいいものということができます。

法令の正体は「しっぽ」で見分けられる

「法令」か「法令でないか」は題名（法令などの名前のこと）でも区別ができることが多いですが，困ったときの手がかりは**法令番号**です。「法令番号」は，題名のあとに（　）で添えられます。法令には必ず法令番号があり，そこには法令の種類も記されます。

○ 行政事件訴訟法
（仮処分の排除）
第44条　行政庁の処分その他公権力の行使に当たる行為については，
　　　　民事保全法（平成元年法律第91号）に規定する仮処分をするこができ

Ⅱ 法律の常識

きない。

次の図表10－7は川崎市の例ですが，同じ「川崎市情報公開条例施行規則」という題名の法令が2つあります。しかし，法令番号を見れば，ひとつは教育委員会が定めた規則であることがわかります。昔話に「きつねは娘に化けてもしっぽで見破られた」というのがありましたが，法令も「しっぽ」で正体を見破ることができるのです。

図表10－7　法令のしっぽ

川崎市情報公開・個人情報保護審査会規則（平成13年規則第12号）
川崎市情報公開条例（平成13年条例第1号）
川崎市情報公開条例施行規則（平成13年規則第11号）
川崎市情報公開条例施行規則（平成13年教育委員会規則第7号）

この本も読んでみて

法令の種類だけを説明した本はありません（あっても読むのがきつそうですが……）。ただ，6章で紹介した長野秀幸『法令読解の基礎知識』（学陽書房，2014年）や川崎政司『法律学の基礎技法〔第2版〕』（法学書院，2013年）では，まとまったページを割いて説明してくれています。

III

法律の役割

11章
医療保険と年金
：病気や老後はどうしたらいいの?!

1 病気も老後も怖くない：公的保険の話

日本では国民全員が公的な保険に入らなくてはなりません

「病気も老後も怖くない！」といいたいところですが，本当は病気も老後も怖いのです。それでも，病気も老いも避けて通れません。ただ，避けて通れないからこそ，それらに伴うトラブルをできるだけ少なくしたいと考えるものです。変な表現かもしれませんが，「心おきなく病気になりたい」，「心おきなく年老いたい」といったところでしょうか。そのためには元気なときからお金を貯めておくことが一番です。ところが，わかっていてもなかなかできない……。

ご安心ください。日本には，公的な保険制度である**医療保険制度**や年金制度があります。しかも，国民全員が入らなくてはならない「**皆保険制度・皆年金制度**」なのです。

医療保険制度があるおかげで一部の自己負担を払うだけで医療が安く受けられますし，年金制度があるから，一定の年齢になれば年金がもらえます。日本が世界一の長寿国になったのには，こうした公的な保険の役割も

III　法律の役割

大きいはずです。

2　医療保険の仕組み

どの医療保険に入っているでしょうか?

医療保険からお話しましょう。代表的な医療保険制度は以下の3つです。

図表11-1　医療保険の種類

健康保険（組合健保・協会けんぽ）	会社勤めの人などの医療保険。大企業のサラリーマンなどが加入する「組合健保」と，中小企業のサラリーマンなどが加入する「協会けんぽ」があります。
共済（組合）	公務員などの医療保険
国民健康保険	それ以外の人の医療保険

保険に加入している人のことを「**被保険者**」といいます。会社員は健康保険の被保険者ですし，たとえば，国家公務員なら，国家公務員共済組合の被保険者（組合員）ですし，自営業の人は国民健康保険の被保険者ということになります。

「別に医療保険に加入した覚えはないけれど……」。そういうあなたも大丈夫です。会社や公務員として勤めると自動的に医療保険の被保険者となります。

養われている家族はどの保険の対象なの?

さて，ここで問題です。サラリーマンや公務員などに養われている家族はどの保険でカバーされているでしょうか。「国民健康保険ではない

の？」と思ったかもしれません。なるほど,「それ以外の人の医療保険」と図表11-1にもあります。

実は,サラリーマンや公務員などに養われている家族も健康保険や共済組合がカバーしてくれているのです。養われている人を「**被扶養者**」と呼んで,その人たちの病気やけがもカバーしてくれています。いわば「家族パッケージ」みたいなものと思えばいいでしょう。

図表11-2　健康保険の被保険者と被扶養者

被保険者	保険に加入している人（労働者）
被扶養者	被保険者の妻（夫）で専業主婦（夫）＋子どもなど

健康保険法1条の条文を読むと,健康保険が,業務災害（12章参考）を除いて,労働者と被扶養者の病気・けがや死亡,出産に備えた保険であることがよくわかります。

◯ 健康保険法
　（目的）
　　第1条　この法律は,労働者又はその被扶養者の業務災害（労働者災害補償保険法（略）第7条第1項第1号に規定する業務災害をいう。）以外の疾病,負傷若しくは死亡又は出産に関して保険給付を行い,もって国民の生活の安定と福祉の向上に寄与することを目的とする。

昔は「会社（役所）勤めの夫＋家庭を守る妻＋子」というのをセットに考えていたようです。夫が安心して働くためには家族の病気も面倒を見てあげる必要があるという発想があったのでしょう。

なお,詳しくは説明しませんが,現在では,75歳になった人はこれまでの医療保険とは別の「**後期高齢者医療制度**」に移ることになっています。

Ⅲ　法律の役割

気になるのは一部負担と保険料なのよ！

　何といっても気になるのは一部負担と保険料です。まず、一部負担です。医療保険に入っているといっても、医療費がタダになるわけではありません。まったくのタダになるとむやみに医者通いする人が出るかもしれません。また、「少し余分な治療もしておこうかなぁ……、患者の負担はないし」と考える医療機関がないとも限りません。そこで、まったくのタダにせずに、治療費や薬代のうち3割に当たる部分は自分で支払うものとされています。この3割の自己負担部分を「窓口負担」などということもあります。

　ただ、だんだん所得が少なくなり、病気がちになる高齢者には3割でも負担が重いところです。そこで高齢者については図表11-3のように自己負担の部分を少し減らしています。

図表11-3　高齢者の窓口負担額

70歳未満	3割負担
70歳～74歳	原則として2割負担
75歳以上（後期高齢者医療制度）	原則として1割負担

　次に保険料ですが、公的保険の保険料については、「50歳なら月5000円」のようにシンプルに説明できないのです。というのも、その人の所得に応じて決まる部分があるからです。単純にいえば、「所得が高い人は保険料も高い」ということになります。別に所得が高い人が多く病気をするわけではありませんから、不公平な感じがしないでもありません。ただ、そこが「みんなで支え合う」公的保険らしいところといえます。この仕組み、税金の仕組みに似ていませんか。税金も、受ける行政サービスは同じ

でも，所得が多い人には税率が高くなる所得税があります。これもまたひとつの平等の形なのです。

更紗ちゃんちで健康保険に入っている人を探そう

さて，ここまでのことを確認しましょう。次の文章は中学2年生の高梨更紗ちゃんの「私の家族」と題する作文です。作文をよく読んであとの問いに答えてください。

> 高梨家は5人家族です。お父さんの高梨一郎は商社に勤めています。お母さんの高梨君江は週に1度だけ私立保育園でアルバイト保育士をしていますが基本的には専業主婦です。高梨家には，ほかに，子どもが2人とオス猫がいます。おねぇちゃんの高梨恵美理は今年の4月から市役所の職員として勤め始めました。そして，次女が私です。オス猫のミニーちゃんは，もう10歳になりますが，元気に遊んでいます。ただ，先日，メス猫をめぐるバトルに負けて足に傷を負いました。もしものけがに備えて保険に入っていたので治療費が安くてすみました。
> そうそう，忘れてはいけません。高梨家には71歳になるおじいちゃん，高梨修三も同居しています。おじいちゃんは，年金が少ないので，お父さんが面倒を見ているのです。

問題 高梨家には，健康保険の被扶養者が何人いるでしょうか？

更紗ちゃんが5人目の家族としてカウントしたのが，オス猫なのか，修三おじいちゃんなのか気になるところですが，順番に健康保険の被扶養者を探してみましょう。まず，お父さんの高梨一郎さんです。現役の商社マンですから健康保険の被保険者に間違いありません。お母さんの高梨君

江さんですが,「基本的には専業主婦」というのですから,おそらく被扶養者でしょう。1人目,発見です。

おねえちゃんの高梨恵美理さんは公務員であり,共済組合員となっているはずです。オス猫のミニーちゃんも保険に入っているとのことですが,人間ではないので被扶養者にはなれません。きっと,動物用の保険なのでしょう。

さらに,中学2年生の高梨更紗ちゃんはもちろん被扶養者となります。これで被扶養者は2人です。あとは,忘れられそうになっていたおじいちゃんについての検討です。71歳なのでまだ後期高齢者医療制度に移っていませんし,お父さんが生計の面倒を見ているというのですから,修三さんも被扶養者と考えていいでしょう。ということで,被扶養者は3人ということになります。

君江の前に立ちはだかる130万円の壁

お母さんの高梨君江さん,近頃,少し悩みがあるようです。子どもたちが寝静まったあと居間で行われた夫婦の会話に耳を傾けてみましょう。

> 君江:「園長先生から『ねぇ,君江先生,もっと勤務日を増やしてくれない?』と頼まれたのよ。今,保育園は人手不足のようなの」
> 一郎:「いいじゃないか……。子どもも大きくなったんだし」
> 君江:「そうね……『きみちゃん先生,来た〜』なんて,よろこぶ子どもたちを見ると,もう少し働きたくなるわ」
> 一郎:「何も問題はないじゃないか」
> 君江:「あなたはそれでいいの? あなたから離れていくことになるのよ」

ここで急に障子があいて修三おじいさんが登場する

修三:「君江さん,それはいかん,わしらを置いていかんでくれ!」

なんともベタな展開ですが,君江さんが「あなたから離れていく」といったのは,「健康保険の被扶養者でなくなる」という意味です。

被扶養者というのは,主として被保険者の収入で生計を維持されている者のことをいいます。ですから,収入が増えれば被扶養者から外れ,自らが被保険者となります。

一般に年間収入が130万円以上(60歳以上の場合には180万以上)となれば,被扶養者から外れるとされています。被扶養者から外れると,保険料を別に払わなくてはなりません。また,会社からの扶養者手当がなくなるところもあり,さらに働くことを躊躇する原因にもなっています。これを「130万円の壁」といいます。

3 年金の仕組み

高梨修三の人生:ライターからサラリーマンへ

今度は高梨家でただひとり年金をもらっている修三さんの人生にスポットを当てて,年金の仕組みをお話しましょう。

修三さんの人生は決して平たんなものではありませんでした。修三さんは,田舎の高校を卒業すると作家を目指して上京しました。しかし,書きためた小説は発表する機会もなく,フリーのライターとしてグルメ雑誌に記事を書く毎日が続きました。作家の夢をあきらめ,ようやく出版会社に就職したときにはすでに45歳。そして60歳までその出版社に勤めたのです。

Ⅲ　法律の役割

図表11-4　修三さんの人生

フリーライター	出版社社員
20歳　　　　　　　　　　　　　　　45歳	60歳

> 修三さん：国民年金から厚生年金保険へ

　ところで，医療保険制度と年金制度はセットの関係にあります。というのは，基本的に，会社勤めの人は健康保険の被保険者になると同時に，厚生年金保険の被保険者となりますし，国民健康保険の被保険者は国民年金の被保険者となります。ただ，公務員はどうかというと医療保険も共済組合なら年金も共済組合からもらえるのです。

図表11-5　医療保険と年金制度

医療保険		年金制度
健康保険	会社員	厚生年金保険（＋国民年金）
共済組合	公務員	共済組合（＋国民年金）
国民健康保険	自営業など	国民年金

　これを修三さんの人生に照らし合わせると，被保険者だった年金制度は次のようになります。

図表11-6　修三さんの人生と年金①

国民年金の被保険者	厚生年金保険の被保険者
20歳　　　　　　　　　　　　　45歳	60歳

修三さんの年金額はこうなっている

現在，修三さんの受けている年金をイメージするとこんな感じです。

図表11−7　修三さんの老齢年金

老齢厚生年金
老齢基礎年金

「おじいちゃんは，年金が少ない」と更紗ちゃんがいっていましたが，そこには修三さんの過去が影響を及ぼしていました。というのは，**国民年金**からもらえる**老齢基礎年金**は，40年加入し続けても月6万5008円（平成27年度満額）にしかならないのです。修三さんは20歳で年金に加入して60歳まで40年加入していますから，満額もらえます。

ところがこれに上乗せされる**老齢厚生年金**が少ないのです。思い出してみてください。修三さんが勤め始めたのは45歳，**厚生年金保険**の加入期間は15年です。しかも，老齢厚生年金の額はこれまでの給料の額をベースに決められます。修三さんが勤めていた出版社はお世辞にも給料がいいとはいえませんでした。

「修三さん，国民年金に加入していたのは25年だから，もっと老齢基礎年金は少ないのでは？」。説明の途中でそう疑問をもった人もいるかもしれません。この点はどうしても説明しておかなければならない点です。

老齢基礎年金の額を決めるに当たっては，国民年金の被保険者であった期間（修三さんの場合には25年）はもちろんですが，そのほかの年金に加入している期間も含めて計算されるのです。基礎年金の部分は誰もがもらえるベーシックな年金なので，とにかく「どこかの年金制度に加入して保険料を払っていればいい」とされているのです。

129

Ⅲ　法律の役割

　年金額に反映する被保険者期間ということでいえば修三さんの場合には次のようになります。

図表11-8　修三さんの人生と年金②

	厚生年金被保険者の被保険者期間
額計算の上での国民年金の被保険者期間	

20歳　　　　　　　　　　　　　　　　　45歳　　　　　　　　　　　60歳

君江さんのもうひとつの25周年

　せっかくですから，おねえちゃんの高梨恵美理さんやお母さんの高梨君江さんの年金制度も確認しておきましょう。恵美理さんは公務員ですから，**共済年金**です。20歳のときに国民年金に加入して，その後，就職を機会に共済年金に加入しました。

　お母さんの君江さんは，短大を卒業と同時にテニスサークルで知り合った（別に詳しく書く必要はありませんが……）一郎さんと結婚しました。君江さん21歳，一郎さん26歳のときでした。

　君江さんと一郎さんはもうすぐ結婚25周年を迎えますが，その前にひとつ嬉しいことがありました。君江さんが年をとったら老齢基礎年金がもらえることが決まりました。これまで説明していませんでしたが，老齢年金は一定の年齢（原則として65歳です）になったら必ずもらえるものではありません。原則として，25年以上，被保険者として保険料を払い，しかも，一定の年齢になることではじめて老齢年金がもらえるのです。

図表11-9　老齢年金のイメージ

25年以上の被保険者期間 ＋ 一定の年齢 ＝ 老齢年金

　実はこの「25年以上の被保険者期間」というのがクセモノなのです。会社や役所に勤めたりしている場合には，自然に年金制度に加入していますが，そうでない場合には，自分で手続をして国民年金に入らなければならないのです。20歳以上の者は加入が義務づけされています。
　ただ……，
「会社を辞めてそのまま国民年金の手続をしていない」
「20歳になったけれど学生なので手続をさぼっていた」
　といった場合があります。そんな「年金の空白期間」があると，25年の期間を満たさず，まったく老齢年金がもらえなくなることだってあるかもしれないのです。人生，山あり谷ありです。「経済的に厳しい」という時期もあるかもしれません。事情次第では年金の保険料を免除してくれる仕組みもありますから，「保険料が払えない」と感じたときには，市役所や日本年金機構に相談してみることをお勧めします。

専業主婦（夫）にとって有利な年金の仕組み

　65歳になったら老齢基礎年金がもらえることが決まった君江さんですが，「自分で保険料を払っていたのは1年だけ」なのです。
　もう一度，君江さんの半生を振り返ってみましょう。君江さんは短大の2年生のとき（20歳）国民年金に加入しました。そして1年後の21歳のときに，商社マンの一郎さんと結婚し，今に至っています。20歳から21歳

Ⅲ　法律の役割

までの1年間は国民年金の保険料を払いましたが，その後は一郎さんの被扶養者となり，自分では年金の保険料を払っていないのです。

「たった1年，保険料を払っただけで年金がもらえるの?!」。びっくりしたかもしれません。これには，ちょっとしたカラクリがあります。一郎さんが厚生年金保険の保険料を払うことで君江さん自身も「保険料を払った扱いになる」制度があるからです。被扶養者として君江さんは一郎さんの健康保険で守られていましたが，年金についても似たような仕組みになっているのです。

ただ，もし一郎さんが自営業者だったら話は違ってきます。国民年金は一人ひとりの年金なので，君江さんも自分が国民年金の保険料を支払わなくてはなりません。それでいて，その年金額は専業主婦（夫）がもらえる年金額と同じなのです。早い話が，会社員・公務員の専業主婦（夫）でいた方が得ということになります。こうした状況では，たとえ，働くにしても，「被扶養者から外れないように130万未満で働こう！」と考えることは自然なことかもしれません。専業主婦（夫）が働いて，被扶養者から抜け出してしまうと医療保険の保険料ばかりでなく，年金の保険料まで負担しなくてはならないことになるからです。

でも，国は女性に社会で活躍してもらいたいと思っているのです

「国が専業主婦（夫）を奨励しているんだ！」。この話を聞くとみんなそう思います。ところが本当の国の気持ちは逆なのです。女性が社会でもっと活躍してくれることを願っています。というと，「国はいい人」みたいですが，そこには裏の事情があります。現在の日本では，人口が減って経済を支えるために1人でも多くの女性の力が必要です。年金財政を支えるためにも保険料を払ってくれる人はのどから手が出るくらい欲しいので

す。
　そんなこともあり，2016年10月より「週20時間以上働き，年収106万年以上」のパート労働者についても厚生年金保険に加入できるようになりました（ただし，大企業に勤めるパートさんだけです）。これからも，だんだんと厚生年金保険に加入できるパート労働者の範囲を増やしていく方向のようです。少しずつ専業主婦（夫）のメリットは失われてしまうのかもしれませんね。

この本も読んでみて

　年金や医療保険についての仕組みは複雑ですが，もし，興味があるなら，社会保険労務士を目指してみてはどうでしょう。社内の総務部でスペシャリストとして活躍する場が与えられるかもしれません。ということで，おすすめの本として，兒玉美穂 著／井上のぼる 画『マンガはじめて社労士 2015年版』（住宅新報社，2014年）を挙げておきます。

III　法律の役割

12章
労　働　法
：働く私の味方⁈

1　働く不安をぶっ飛ばせ！

佐藤強君の不安

　佐藤強君は経済学部の大学生です。名前は「強」ですが，本当は気が弱い佐藤強君です。今日も学校近くの「中華料理店ヤムヤム」でランチです。いつも，この店で日替わり中華ランチを食べています。このランチ，だんだんと店頭の見本写真と実物が違ってきていることが気になっています。見本写真のサラダにはトマトがついていますが，実物のサラダからトマトが消えて 2 か月が経ちます。見本には日替わりスープ付きとありますが，いつも豆腐の味噌汁です。それでも，文句もいわず通い続ける強君なのでした。

　そんな強君の不安は就職後のことです。就職した会社が「ブラック企業」だったらどうしよう……。そんな不安を抱えながらエントリーシートに記入する日々です。「採用時の条件と実際の勤務条件が違ったらどうしよう……」。「休日や残業代をもらえなかったらどうしよう……」。不安が広がります。「でも，世の中そんなものなのだし，少しぐらいは，我慢するし

かないかも……」。そんな風にあきらめモードで考える今日この頃です。

心配して守ってくれる法律のことを知ろう

　強君，ダメです。ランチサラダのトマトや日替わりスープはあきらめても（本当はこちらも問題ですが），**労働条件**を使用者のいわれるままにしていては絶対にダメです。労働条件は会社と労働者の間の**契約**などで決まるものです。会社のいうままに従わなければならないものではありません。さらに，その契約の内容もまったくの自由というわけではありません。当事者のまったくの自由にしてしまうと，力の弱い労働者が不利になる可能性があります。ですから，**労働基準法**などが労働条件についての最低基準を定めています。お互いの契約が決めたといっても，この基準を下回ることはできないのです。

　心配して守ってくれている法律があるのです。強君には，まず，この労働法の知識を身につけてほしいのです。そして，自分の権利を守ることに役立ててほしいのです。

2　知っておきたい労働基準法の定め

まずは，働き始めるときの注意です

　労働基準法15条1項では，労働契約を結ぶときに重要な労働条件について明示することを求めています。とくに，次のような内容については，「口で説明して終わり」ではなく，使用者は，書面を交付して示さなければなりません。

135

Ⅲ　法律の役割

① 契約はいつまでか
② 期間の定めがある契約の更新についてのきまり
③ どこでどんな仕事をするのか
④ 仕事の時間や休みはどうなっているのか
⑤ 賃金はどのように支払われるのか
⑥ 辞めるときのきまり

（厚生労働省作成ハンドブック『知って役立つ労働法
：働くときに必要な基礎知識』を基に作成）

　この書面から現在の労働条件は約束されたものどおりかどうか確認可能です。もし，違っていた場合には，労働者は明示されたとおりの労働条件にするよう会社に求めることができますし，もし，実現してくれないのなら約束違反（債務不履行）として損害賠償を請求することもできます。さらに，労働基準法には，次のような規定さえあります。

◯　労働基準法
（労働条件の明示）
　第15条　略
　２　前項の規定によつて明示された労働条件が事実と相違する場合
　　　においては，労働者は，即時に労働契約を解除することができる。
　３　略

労働契約に特別な儀式はいりません

　労働契約という言葉が出てきました。「労働契約を結ぶ」というのは「会社に雇われる」という意味と考えていいでしょう。会社からすれば，労働契約に従って賃金を払うなどの義務を負いますし，労働者からすれば労働

契約に従って労働を提供する（働く）義務を負うわけです。

　労働契約を結ぶには別に特別な「儀式?!」など必要ありません。大きな会社だと，入社式とか辞令交付式などというものがありますが，「うちで働いてくれる？」，「ハイ，わかりました」。そうしたやり取りで本質的には十分なのです。ただ，それではどんな条件で労働契約が結ばれたかわからないので，労働基準法は書面で重要な労働条件を明示することを求めているわけです。ちなみに，労働契約の成立について労働契約法は次のように規定しています。

○ 労働契約法
（労働契約の成立）
　第6条　労働契約は，労働者が使用者に使用されて労働し，使用者がこれに対して賃金を支払うことについて，労働者及び使用者が合意することによって成立する。

　ただ，先ほども説明したように，労働契約を自由に結べるとすると，労働者にとても不利な内容となる可能性があります。そこで，労働基準法などで，「こんなことは決めてはいけない」とか「○○については最低このくらいにしなさい」と労働者を守るための「お節介」を定めてくれています。

最低賃金を下回ることはできません

　働く者にとって関心が高いといえば，まず賃金のことでしょう。「労働基準法」と労働基準法を受けて定められた「**最低賃金法**」では，使用者が支払わなければならない最低賃金の額が定められています。もし，最低賃金に達しない額を労働契約で定めても，その部分の労働契約は無効となります。無効となった部分は，最低賃金額を定めたものとされます。

「で、最低賃金っていくらなの？」。そこが気になってしょうがないという読者もいることでしょう。最低賃金には、地域ごとの「**地域別最低賃金**」と、特定の産業に適用される「**特定最低賃金**」があります。

「で、最低賃金っていくらなのよ？」。もう、待てない人ですね……。具体的な最低賃金額は厚生労働省のウェブサイトなどで確認することができますが、東京都の地域別最低賃金でいえば、時間額888円（2014年10月1日発効）となっています。

「どーせ、最低賃金の保障は正社員だけなんでしょ？」。いいえ、最低賃金額は、アルバイトやパートなどを含めたすべての労働者に当てはまるものです。ご安心ください。

「残業代」の正体

いわゆる残業代についても気になっているはずです。

そもそも「残業代」というのは何かということからお話する必要がありそうです。労働基準法は基本的に、1日、8時間を超えて、1週間では40時間を超えて働かせてはいけないとされています（32条）。この時間を「**法定労働時間**」といいます。しかし、実際には、これを超えて働いている人も多いものです。となりのおじさんも、そのまたとなりのお姉さんも、毎日、夜遅くまで働いています。とても、みんなが法定労働時間内で働いているとは思えません。「残業代」というのは法令で使われている用語ではありませんが、一般には、この法定労働時間を超えて働いている時間に支払われる賃金をいいます。

残業をさせるような企業が「ブラック」というわけではありません。実は、労働基準法は法定労働時間を超えて働かせることができる「例外」を同時に定めているからです。その例外のひとつとして、使用者と労働組合

の間で協定を結んで届出をした場合があります (36条1項)。こうしておけば、必要があるとき、その協定で定められた範囲で法定労働時間を超えて働かせることができます。なお、法定労働時間を超えて働く場合には、通常の賃金に25％以上割り増しした賃金を払わなくてはなりません。

休日労働にも深夜労働にも割増賃金を払うべきなのです

労働基準法は、毎週少なくとも1回又は4週間に4日以上、**休日**を与えなければならないことになっています (35条)。ただ、時間外労働をさせるときと同じような手続で、この休日にも働かせることが可能です。違うのは、**割増賃金**の率で、こちらは35％以上増しになります。残業代より少しだけ「多め」になっています。

割増率には、深夜 (午後10時から午前5時) 労働をさせるときの割増率もあります。25％以上増しです。複雑になったので、割増率をまとめておきましょう。

① 時間外労働は25％以上増し
② 休日労働は35％以上増し
③ 深夜労働 (午後10時から午前5時) は25％以上増し

突然の計算問題です

さて、突然ですが、ここで計算問題です。

問題1　時間外労働でそれが深夜労働にもなる場合には何％以上増しとなるでしょうか？

問題2　休日労働でそれが深夜労働にもなる場合には何％以上増しとなるでしょうか？

Ⅲ　法律の役割

答え1　時間外で深夜に働ければ，25％＋25％＝50％以上増しの残業代を支払わなくてはなりません。

答え2　休日労働で深夜労働にもなる場合には25％＋35％＝60％以上増しの残業代を払わなくてはなりません。

　ラーメン店で大盛りメニューのさらに大盛りとして「大盛り増し増し」なんてものがありますが，「残業の増し増し」は，労働者の健康が心配です。そこで，1月60時間を超えて時間外労働をさせる場合には「50％以上増しの残業代」を支払うべきことも労働基準法には定められています（37条1項）。労働者の苦労に報いる意味だけでなく，不必要な残業を減らすインセンティブ（動機づけ）にもしようとする意味合いがあります。ただし，この部分は「大企業」だけに適用されます。

名ばかり管理職問題

　一時期，テレビやニュースで話題となった「**名ばかり管理職問題**」にも触れておきましょう。はやりものの事件ではなく，誰にとっても，どの会社にとっても起こりうる問題だからです。
　よく，「管理職になったら残業代をもらえなくなっちゃった……」という話を聞きますが，その根拠も労働基準法にあります。
　いわゆる「**管理監督者**」については，「労働時間，休憩及び休日に関する規定」は適用しないと定められているのです（41条2号）。簡単にいえば，管理監督者は労働時間等の制限を受けません。ですから，時間外労働に対する割増賃金や休日労働についての割増賃金というものもありません。ただ，深夜に働かせた場合には，時間単価の125％ではなく，時間単価の25％分の手当てだけ支払うべきものとされています。ベースになる賃金

は管理職として「込み込み」で入っているので，深夜勤務の分だけ払えばいいという発想です。

　管理監督者であるからといって，働き過ぎが体によくないことはもちろんのことです。ただ，経営者に近い立場で働く存在なので，労働時間などに関する規制をはずしているのです。仕事や人事上の権限があるのですから，出退社の時間など働き方もある程度は自分でコントロールできるはずだからです。

　ところが管理監督者が労働基準法上，別扱いされていることをいいことに，たいした権限も与えられてない人を管理監督者であるとして，時間外手当てなどを払わないことが一部の会社で行われていました。これが「名ばかり管理職問題」です。よく覚えておいてほしいのは，会社の管理職ポストにあるからといって，労働基準法の管理監督者になるわけではないということです。与えられた権限から労務管理について経営者と一体だといえる立場にあることが必要なのです。「管理監督者」に当たるかどうかをめぐっては，いくつもの判例が出ていますので，さらに興味があれば調べてみるのも面白いでしょう。

有給休暇の話をしよう！

　働く者にとって賃金の次に気になるのがお休みです。これについても労働基準法に定めがあります。

　「休日」についてはお話しましたので，ここでは**「休憩」**と**「有給休暇」**についてもお話しましょう。まず，休憩ですが，労働基準法34条１項は６時間を超えて働かせる場合には少なくとも45分，８時間を超えて働かせる場合には少なくとも60分の休憩を勤務時間の途中に与えなければならないと定めています。

また、休んでも給料が減らされない（賃金がもらえる）「有給休暇」の根拠も労働基準法にあります。使用者は、半年以上、続けて勤務して全労働日の8割以上の出勤をしていた労働者に、10日の有給休暇を与えなければならないとされています（39条1項）。そして、始めは10日ですが、さらに、継続して全労働日の8割以上の出勤をしていると1年ごとに1日ずつ増えた有給休暇がもらえます。つまり、与えなければならない有給休暇は、1年6か月、ちゃんと勤めれば11日、2年6か月勤めれば12日となるのです。さらに3年6か月を過ぎると与えなければならない有給休暇は2日ずつ増えることになります（39条2項）。3年6か月勤続で14日、4年6か月で16日……と。先輩社員がたくさんの有給休暇をもらえるのにはこんなわけがあります。

　「有給休暇は使いきれないし、もらえる有給休暇も増えていくのだから100日ぐらいためて世界一周旅行に行こう！」。そんな考えが浮かんだかもしれません。しかし、残念ながら有給休暇はそんなにたまらないのです。まず、与えられた有給休暇は2年使わなければ消えてしまいます（115条）。いわゆる「時効」というものです。労働者に与えられた権利はそのとき必要があって与えられるものです。そのため「そんなに長くはとっておけない」仕組みとなっています。

　さらに、毎年与えなければならない日数が増えていく有給休暇ですが、20日を上限にしてそれ以上は増えないのです。つまり、労働基準法どおりに会社が有給休暇を与えている場合、最大貯まる!?　有給は20日＋20日＝40日ということになります。

　なお、あまり知られていませんが、パートタイムで働く労働者にも有給休暇を与えなければならないとされています。ただし、フルタイムの労働者と同じ日数ではなく、週の労働日数や労働時間に応じてその日数は異なります。

3　その他の労働法も知っておこう

「社会保険完備」の文字が気になります

　佐藤強君は珍しく怒っていました。居酒屋で飲み放題コースを頼んだはずなのにカクテルは注文できないというのです。なるほど，メニューを見ると，小さく「ご注文は，生ビール，サワー，ウイスキー，ハウスワイン，日本酒からお選びいただけます」とあります。「カクテルも注文できる『飲み放題プレミアムコース』に変更しますか？」，そんな店員さんの問いかけに佐藤君は応えませんでした。「『飲み放題』という言葉の使い方が間違っている……」。佐藤君の頭の中ではそのことだけがグルグルと巡っていました。

　そんな佐藤君が気になっているのが**「社会保険完備」**との文字です。「求人票でよく見かけるけれど，どんな保険が含まれているのだろう，『厚生年金に入りたいなら別料金です』なんていわれないだろうか……」居酒屋での出来事が思い出されました。

　佐藤強君のそんな疑問に答えましょう。

　「社会保険完備」という言葉についての定義は法令にはありません。しかし，普通，フルタイムの労働者の場合なら，「**健康保険**」，「**厚生年金保険**」，「**労働者災害補償保険**（労災保険）」，「**雇用保険**」の４つの保険に加入できることを指しています。11章でも一部，紹介しましたが，それぞれの保険の役割は次のようなものです。

Ⅲ　法律の役割

図表12−1　保険の種類

健康保険	医療保険。ただし，労災保険の対象は除きます
厚生年金保険	年金
労災保険	仕事によるけがや病気，通勤途上のけがをカバーする医療保険
雇用保険	失業に備えた保険

　このうち，社会保険完備をアピールする意味は，「健康保険と厚生年金保険に入れる！」ということを強調する意味があります。というのは，労災保険は人を雇う以上，対象となるものです。雇用保険もフルタイムなら新規に65歳以上で雇われる者などを除いて加入することになります。

　ただ，健康保険と厚生年金保険では，一部の事業所は必ずしも加入しなくてもいいとされているのです。外れるのは，従業員5人未満の個人事業所や個人経営で従業員5人以上の飲食店などのサービス業・農林水産業の事業所などです。

　健康保険が適用されなくても国民健康保険には入れますし，厚生年金保険に入れなくても国民年金には入れます。しかし，健康保険や厚生年金保険に入れることをアピールするのにはそれなりの理由があります。保険料の半分を会社が負担してくれる仕組みが法律により定められているからです。さらに，厚生年金保険は国民年金（基礎年金）にプラスしてもらえる年金です。当然，老後の生活なども豊かになります。そんなところからの「社会保険完備」がアピールポイントとなるのでしょう。

会社に入る前に知っていてほしい「就業規則」と「労働協約」

　会社に入ると，きっと耳にするであろう言葉を先回りして説明しておきましょう。それは「**就業規則**」と「**労働協約**」という言葉です。

労働協約というのは，使用者と労働組合で結んだ「契約」といえます。冒頭で，雇われる際に「労働契約」を結ぶといいましたが，これはひとりの労働者が会社と結ぶ「契約」です。ひとりの労働者の力は会社と比べると，かよわいものです。そこで，労働者が集まって組合を作り，その組合が使用者と労働条件などについて結んだ契約のようなものが「労働協約」なのです。当然，個人より組合の力が勝る分，有利な条件を勝ち取ることができます。もし，労働契約より労働協約の内容の方が有利な場合には，その部分は労働協約が優先されることが労働組合法には規定されています。

○ 労働組合法
（基準の効力）
　　第16条　労働協約に定める労働条件その他の労働者の待遇に関する基準に違反する労働契約の部分は，無効とする。この場合において無効となつた部分は，基準の定めるところによる。労働契約に定がない部分についても，同様とする。

　ただ，労働協約は労働組合がないと定められません。また，基本的に労働組合に入っていない人には及ぶものではありません。そこで，定められているのが「就業規則」というものです。就業規則は常時10人以上の労働者を使用する使用者が定めるもので，これもまた，労働条件などの事項について規定するものです。就業規則は，労働組合の意見などを聴くべきものとされていますが，使用者が定めたものであるところに特徴があります。この就業規則と労働契約や労働協約との関係については法律で次のように整理されています。

○ 労働契約法
（就業規則違反の労働契約）

Ⅲ　法律の役割

　　第12条　就業規則で定める基準に達しない労働条件を定める労働契約は，その部分については，無効とする。この場合において，無効となった部分は，就業規則で定める基準による。

● 労働基準法
（法令及び労働協約との関係）
　　第92条　就業規則は，法令又は当該事業場について適用される労働協約に反してはならない。
　2　略

　おそらく……，たぶん，きっと，労働契約，労働協約，就業規則の関係が混乱しているのではないでしょうか。これらの関係をシンプルにまとめると次のようになります。

図表12-2　法律等との関係

| 法　律 | ＞ | 労働協約 | ＞ | 就業規則 | ＞ | 労働契約 |

「ひどいなぁ……」と感じたなら労働基準監督署などに相談すること

　働き方のバリエーションが増えて労働基準法の規定がストレートに適用されないことも多くなってきました。そうはいっても，労働基準法の基本知識は大切です。いざというときにきっと身を守ってくれるでしょう。

　労働者を守ってくれている法律には，ほかにも，労働契約の基本的なルールを定めた「**労働契約法**」や，労働者の働く環境の安全を図る「**労働安全衛生法**」などがあります。詳しくは述べませんが，このほかにも労働関係についての法律はたくさんあります。これらの労働法の全部を詳しく

12章 労働法

知ることは難しいかもしれません。しかし、仕事をするなかで、気になったことだけでもどんな法律が関係しているのか調べてみるといいでしょう。ネットで調べてみると、意外に多くの情報が集まる分野でもあります。調べてみて、「うちの会社、やっぱりひどいなぁ……」とか、「法律違反じゃないの？」と感じたら、ひとりで抱え込まず、労働組合や近くの労働基準署などに相談することです。自分の労働環境を良くすることは、一緒に働く仲間の環境を良くすることにつながるはずです。

こんな本も読んでみて

就職したら、角田邦重・山田省三 編『労働法解体新書〔第4版〕』(法律文化社, 2015年) をお守り代わりにどうぞ。この本とテイストが似ていて、さらりと読めます。

Ⅲ　法律の役割

13章
民法と消費者法
：普通に生活しているだけでお世話になっている?!

1　世の中の基本知識？ : 民法

民法と関係ないとはいわせない

　法律のなかで一番，身近なのが**民法**です。「民法の世話になんてなっていない！」。そういう人もいるかもしれませんが，それは気がついていないだけです。

　民法は人と人との結びつきのルールを定めた法律です。「山のなかで自給自足の生活をしている」なんて人がいたとしても，電気やガスを引いているなら，それは「契約」を結んでいることになりますし，できた野菜をふもとで売るのなら，その「売買（契約）」にも民法の規定が関係します。また，家族との関係も民法の定めるところによるものなのです。こんな風に，水や空気のようにみんなの生活にかかわっているのが民法なのです。

民法は2つの部分からできています

　「2つの味を楽しめる」。そんなキャンディがあります。甘いキャンディ

をなめ進むといきなり「しゅわしゅわ」とすっぱいのが出てきて半べそになったりします。

実は民法も２層構造になっています。六法全書で民法を引くと「総則編」、「物権編」、「債権編」、「親族編」、「相続編」の部分に分かれているはずです。

このうち、「**総則**編」、「**物権**編」、「**債権**編」の３つを合わせて「**財産法**」と呼びます。「財産法」と呼ばれるのは、どれも経済的、財産的な活動に関するルールだからです。一方、「**親族**編」と「**相続**編」を合わせて、「**家族法（身分法）**」と呼びます。家族に関することだからです。

経済活動も決して「甘い」ものではありませんが、身を切られるような「しょっぱさ」は家族法の分野で感じるかもしれません。

図表13－1　民法の構造

民　法	総　則	財産法
	物　権	
	債　権	
	親　族	家族法（身分法）
	相　続	

ちなみに、財産法の内容を手短に説明すると次のようなものとなります。

図表13－2　財産法の構造

総則編	民法（とくに財産法）全体に共通する考え方が定められています
物権編	所有権や抵当権など物の支配権に関するルールが定められています
債権編	請求権に関するルールや請求権を生み出す原因について定められています

Ⅲ　法律の役割

当事者の意思を大事にする民法

　民法全体を通じて支配している考え方は「当事者の意思を大事にする」ということです。「婚姻」は最たるもので、お互いの意思を邪魔する規定は民法にはありません（未成年者の婚姻については父母の同意が必要とされていますが、結婚してしまえば取り消されることはありません）。民法の規定も「婚姻の効果」についての規定が並ぶことになります。

　経済活動となるとどうでしょう。「当事者の意思を大事にする」というなら、「経済活動は自由にすればいい……」ということになります。経済活動なら婚姻と違って、その効果だって自由に定められるわけですから、「民法など必要ない」ということにもなりかねません。

　しかし、そうではないのです。民法には「お互いの合意があっても破ることができない規定」があります。これを「強行規定（強行法規）」といいます。たとえば、民法5条には、未成年者が親などの同意を得ないでした法律行為は取り消すことができるとあります。

○　民　法
　（未成年者の法律行為）
　第5条　未成年者が法律行為をするには、その法定代理人の同意を得なければならない。ただし、単に権利を得、又は義務を免れる法律行為については、この限りでない。
　2　前項の規定に反する法律行為は、取り消すことができる。
　3　略

たとえば、こんなことがあったとします。

ある中古車ショップでのシーン。大学1年生（19歳）が窓の外からある車をじっと見ている
販売員：「いらっしゃいませ，お探しですか？」
大学生：「この車いいなぁと思って……」
販売員：「掘り出しものですよ」
大学生：「親に話してみます」
販売員：「お客様，この出会いを大事にしないとあとで後悔するかもしれませんよ。さあ，こちらが書類です」
「何があっても取消しを求めることはありません」とある契約書にサインする大学生

「何があっても取消しを求めることはありません」などと契約を交わしてもダメなのです。民法5条2項が「**強行規定（強行法規）**」だからです。未成年者はまだまだ判断能力が未熟な面もあります。その意味での保護規定なのです。

取引をスムーズにすることも民法の役割です

財産法のなかで「当事者の意思」とともに大切にしていることがあります。それは「取引をスムーズにする」ということです。ところが，この両者が両立しない場合があるのでやっかいです。たとえば，民法96条にはこんな条文があります。

◯ 民　法
（詐欺又は強迫）
第96条　詐欺又は強迫による意思表示は，取り消すことができる。

Ⅲ　法律の役割

2　略
3　前2項の規定による詐欺による意思表示の取消しは，善意の第三者に対抗することができない。

「騙されて（詐欺を受けて）」または「おどされて（強迫を受けて）」売りたくなかったものを売ってしまったとします。この場合，形の上では「売ってもいい」といったのですが，その意思には「キズ」があったわけです。当事者の意思を大事にする民法はそのため「取り消すことができる」としています。ところが取り消そうと思ったら，相手に売った物を，さらに別な人が買っていたとしたらどうでしょう。別な人は全然，これまでの事情を知りません（法律では事情を知らないことを「善意」と表現します）。

96条3項はこのような場合を想定して置かれた規定です。

「対抗できない」というのは「主張できない」というような意味ですから，詐欺の場合にはもうそれ以上，取り消すことはできないのです。「詐欺」の場合には，意思への「キズ」のつき方が深刻ではないので，経済取引の方を優先したというわけです。

なお，96条3項には「強迫」の場合は規定されていませんので反対解釈として，善意の第三者の手に渡っていても取り消すことができるものとされています。強迫の場合には，意思への「キズ」のつき方がよりシリアスなので，経済取引よりも意思を大切にすることを優先したことが読みとれます。

なんだか法律の規定らしくない「任意規定」もあります

強行規定がある一方，民法には「とくにお互いの合意がなければその規定による」とする規定もあります。こうした規定を**「任意規定（任意法規）」**

といいます。なんだか法律の規定らしくないのですが、結んだ契約などが不十分なときにそれを補充するよう標準的な規定を置いているといえます。こんなところにも「取引をスムーズにする」民法の気持ちが表れています。

たとえば、債権編では世の中でよく交わされる13の契約について、問題となりそうなルールを決めています。その13の契約のうちのひとつが「売買契約」です。売買契約に関する費用については558条があります。ところが、これは任意規定ですから、これとは異なる合意があればそれが優先されることになります。

○ 民　法
（売買契約に関する費用）
第558条　売買契約に関する費用は、当事者双方が等しい割合で負担する。

民法については、これからの人生のなかでかかわりをもつことも多いはずです。民法が大切にしている価値との関係でその条文を理解することが大切です。また、強行規定か任意規定なのかを意識しておくといいでしょう。

2　悪徳業者を許さない：消費者法

「お客様は神様でない」ことが多いのです。だから消費者法が必要なのです

民法は当事者の意思を大切にしながら、その一方で取引をスムーズにしようとする調整を行っている法律といえます。ところが、消費者と業者という関係に立ったとき、民法の規定だけでは足りない部分もあると感じられるようになりました。「お客様は神様です」。なんて言葉はありますが、経済活動で意外に「弱い」のが消費者です。肝心な内容を知らされず買わ

Ⅲ　法律の役割

されたり，買ったもので思わぬ損害を受けたりすることがないともいえません。そこで必要となったのが「**消費者法**」です。消費者法は，大くくりにすると3つの分野に分けることができます。

図表13－3　消費者法の構造

消費者の権利や消費者行政の基本を定める法律	取引の適正を図るための法律	消費者の安全や安心を守るための法律
・消費者基本法 ・消費者安全法など	・消費者契約法 ・特定商取引に関する法律など	・製造物責任法 ・食品衛生法など

　このうち，消費者契約法，特定商取引に関する法律，製造物責任法の内容をかいつまんで紹介します。

「おい，のびた，いいよな！」を国は許しません：消費者契約法の巻

　契約というのは，基本的にお互いが納得して結ぶものです。しかし，本当のところはそういえない場合があります。相手が困っているところにつけこんだり，相手が知らないことをいいことに有利な契約を結んだりすることだってないとはいえません。あまりにひどい場合には民法の規定を使って救済することもできますが「微妙な」場合にはなかなか民法が力を発揮できない場面があります。

　「企業」と「ひとりの消費者」ではその力が天と地ほどの違いがある場合もしばしばです。情報力も違いますし，交渉力も違います。少し油断すると，企業と消費者とは，ドラえもんでの「ジャイアン」と「のびた」との関係のようになってしまいます。ジャイアンに「おい，のびた，いいよな！」といわれたら，のびたは「うん」というしかないのです。こんなときこそ国（法律）の出番です。

こんな場合には，取り消したり，無効としたりできます！

消費者契約法では，不適切な勧誘で契約した場合には，その契約を「取り消すことができる」としています。また，消費者に不当な契約条項は「無効」となることも規定しています。どんなとき取り消すことができるのか，どんな契約条項が無効なのか，具体的には次の表のようになります（消費者庁パンフレット「消費者契約法活用術」を基に作成）。

図表13－4

○ 契約の申込みや承諾の意思表示を取り消すことができる場合

不実告知	重要な事項について事実と違うことをいう 例：「この車，事故なんてなし！」（実は事故車）
断定的判断	将来の不確実なことを断定的にいう 例：「この株の株価は上昇のみです！」
不利益事実の不告知	利益になることばかりいって，重要な項目についての不利益なことをいわない 例：「この土地は日当たりがいいですよ（隣にマンションが立つ予定だけど言わないでおこう……）」
不退去	家に来たセールスマンが帰ってほしいといっても帰らない
監　禁	販売会場で帰りたいといったのに帰してくれない

○ 契約条項が無効な場合

事業者の損害賠償責任を免除したり制限したりする事項	例：たとえ，当スポーツジムの器具不調のために損害を生じさせても当ジムは一切，その責任を負いません
不当に高額な解約損料	例：式場「○○の間」のキャンセルに際してはその時期にかかわらず料金の80％を申し受けます
不当に高額な遅延損害金（年14.6％以上）	例：駐車場代の支払い期日を徒過した場合には，１日につき10000円を申し受けます
信義誠実の原則に反して消費者の利益を一方的に害する行為	個別の事例は司法の場で判断されます

これって新しい！：消費者団体訴訟制度

　被害を受けた消費者を救うことは大切です。しかし，「不当」な契約を繰り返す企業を糺さない限り，被害者はほかにも出てしまいます。なんとかならないのか……。そんな思いから作られた制度が「**消費者団体訴訟制度**」です。

　不特定かつ多数の消費者に図表13－4に挙げたような勧誘行為や不当な条項の含まれた契約を求めるなどしている（するおそれがある）事業者に，「適格消費者団体」がやめるよう請求することができるようにしました（これを「差止請求」といいます）。

　「**適格消費者団体**」とは，内閣総理大臣が認定した消費者利益を守るための活動をしている団体のことです。消費者契約法では，景品表示法上の不当表示，特定商取引についての不当な行為，食品表示法の食品表示に関する不当表示についても，差止請求ができるとしています。

消費者契約法の1条（目的規定）を完成させよう

　少し寄り道というか，お遊びのクイズです。ここまでの話を踏まえて，消費者契約法の第1条（目的規定）を必要なパーツを組み合わせて完成させましょう。

　法律の第1条には「**目的規定**」が置かれていることが多いものです。目的規定というのは，その法律が何を目的としているのか明らかにした規定のことです。この目的規定は，原則として，「手段」，「目的」，「究極の目的」という3つの部分からなるのがお作法です。

> **問題** 下の選択肢から必要なパーツを選び，消費者契約法第1条を完成させてください。
>
> 第1条　この法律は，消費者と事業者との間の情報の質及び量並びに交渉力の格差にかんがみ，(1)，(2)，(3)，(4)。

選択肢

Ⓐ　消費者の被害の発生又は拡大を防止するため適格消費者団体が事業者等に対し差止請求をすることができることとすることにより

Ⓑ　消費者の利益の擁護を図り

Ⓒ　もって国民生活の安定向上と国民経済の健全な発展に寄与することを目的とする

Ⓓ　事業者の一定の行為により消費者が誤認し，又は困惑した場合について契約の申込み又はその承諾の意思表示を取り消すことができることとするとともに，事業者の損害賠償の責任を免除する条項その他の消費者の利益を不当に害することとなる条項の全部又は一部を無効とするほか

> **答え**　まず，手段の部分を見つけます。手段はひとつとは限りません。いくつかの手段が示されることがあります。AからDのなかで探すと，AとDが手段の部分でしょう。言葉のつながりから，(1)にDが，(2)にAが入りそうです。残りは，目的と究極の目的です。BとCを比べると，Cの方がより大きな目的であることがわかります。また，言葉のつながりからも，(4)にはCが，(3)にはBが入ります。はい，目的規定のできあがりです！
>
> (1) D　(2) A　(3) B　(4) C

クーリングオフ制度が消費者を救います：特定商取引法

「押し売り」というのは昔からありましたが，「押し買い」というのはこのところ問題になった商法です。業者が突然家にやってきて貴金属などを無理やり買っていくのです。「奥さん，もっとないの？」などといいながら，居座るのですから，たまったものではありません。この「押し買い」

III 法律の役割

に対して，書面の交付や不当な勧誘の禁止を定めたのが**「特定商取引に関する法律」**です。一般には「特定商取引法」といわれています。この特定商取引法は，古くは「訪問販売等に関する法律」といいましたが，だんだんと対象となる事業者が増えて現在の法律名（題名）となっています。特定商取引法では対象となる事業者に対して，事業者名を明示することや契約時に重要事項を記載した書面を交付することを義務づけるなどの規定を置いています。消費者に必要な情報を提供する意味合いからです。また，申込みの撤回や契約の解除が一定期間，無条件にできる「クーリングオフ」を保障しているのもこの特定商取引法です。

特定商取引法が対象としている事業には次のようなものがあります。合わせてクーリングオフの期間も記しておきましょう。クーリングオフの期間は，申込みまたは契約後に法律で決められた書面を受け取ってからの期間となっています。

図表13－5　特定商取引法の対象

対象	内容	クーリングオフ期間
訪問販売	消費者の自宅などお店以外の場所で物を売ったり，サービスを提供したりすること	8日間
通信販売	新聞，雑誌，インターネットなどで広告し，郵便，電話などで申込みを受ける取引のこと（次の「電話勧誘販売」は除きます）	なし
電話勧誘販売	電話をかけて勧誘を行い，その電話のなかで消費者からの申込みを受けたり，電話をいったん切った後，郵便，電話などで消費者の申込みを受ける方法で契約して，物を売ったり，サービスを提供したりすること	8日間
連鎖販売取引	個人を販売員として勧誘し，さらに次の販売員を勧誘させるという方法で，販売組織を拡大して行う物の販売やサービスの提供のこと	20日間

特定継続的役務提供	エステティック，語学教室，家庭教師，学習塾，結婚相手紹介サービス，パソコン教室といった，高額な長期に渡るサービスの提供のこと	8日間
業務提供誘引販売取引	「仕事を提供するので収入が得られる」という口実で消費者を誘い，仕事に必要であるとして，商品等を売る取引のこと	20日間
訪問購入	事業者が消費者の自宅などへ訪問して，物の購入を行う取引のこと	8日間

（消費者庁「消費生活安心ガイド」を基に作成）

残念ながら，トラブルが多発する商法は増えていて，「訪問購入」も2012年の改正で加えられました。

被害を証明すれば損害賠償を請求できるのです：製造物責任法

製造物責任法は，製品の欠陥によって被害が生じたときに，その被害を証明さえすれば製造業者などに損害賠償を請求できるとする法律です。その物が壊れたという被害だけでは対象にはなりませんが……。製造物責任法3条にはこう書かれています。

◯ 製造物責任法
（製造物責任）
第3条　製造業者等は，その製造，加工，輸入又は前条第3項第2号若しくは第3号の氏名等の表示をした製造物であって，その引き渡したものの欠陥により他人の生命，身体又は財産を侵害したときは，これによって生じた損害を賠償する責めに任ずる。ただし，その損害が当該製造物についてのみ生じたときは，この限りでない。

サラリと説明していますので，どこがポイントとなるかわからなかった

かもしれません。ポイントは「その被害を証明さえすれば」というところです。条文では「欠陥により〜侵害したときは」とあります。

というのは，普通，民法でこのような損害賠償を請求するには，被害を与えた者の「故意」や「過失」(「わざとしたこと」や「うっかりしたこと」)を被害者側が証明しなくてはならないのです。しかし，それは消費者にとって，とても難しいことです。そこで，消費者側が「その被害を証明さえすれば」損害賠償を受けられるとしたのです。

ただ，どんなときにも製造業者などの責任が発生するとしたら，それはそれで製造業者に酷ですから，損害賠償を負わないですむ場合も定めています。たとえば，そのときの科学や技術などの水準から製造物に欠陥があると見抜けないような場合です。しかし，それは製造業者などが証明しなくてはなりません。

こんな本も読んでみて

国民生活センター『くらしの豆知識』がおすすめ。最新の消費者トラブルやその対応策が載っています。毎年度発刊されますが価格も手ごろ (514円) ですから，最新版をそろえておきたいところです。

14章
刑法・刑事訴訟法
：悪いことをしたらどうなるの?!

1　刑務所までの道筋？：刑事訴訟法

「罪を問う手続」は刑事訴訟法に定められています

　「悪いことしよったら，お巡りさんに捕まって刑務所入れられるでぇ」。子どもの頃，よく祖母がそういっていました。近くの交番のお巡りさんはいつもニコニコしていましたが，悪い人には鬼のように厳しいのだと頼もしく思ったものでした。

　この章で，まずご紹介したいのが，「悪いことをしてから刑務所に入れられるまで」の道筋です。ほとんどの方は関係ないとは思いますが，知識として知っていても損はないはずです。捜査から判決までの「罪を問う手続」を定めているのが**「刑事訴訟法」**という法律です。

「捜査」の基本は任意捜査です

　まずは，「事件の発生」です。「夜道を歩いていたらバイクの男にバックをひったくられた」とか「空き家の物置から火の手があがった」など，残

念ながら今日も犯罪事件は各地で起きています。こうした事件への「捜査」の開始は，110番などの「捜査の端緒」があって始まります。

捜査というのは犯罪の証拠を集め，犯人（容疑者）を突き止める活動のことです。捜査には「**任意捜査**」と「**強制捜査**」があります。刑事ドラマでおなじみの「聞き込み」，「尾行」などは任意捜査ですが，疑わしい人などに協力を求めて警察署などで話を聞く「任意同行」（刑事訴訟法198条1項）も，相手の承諾を前提に行うものですから，これまた任意捜査のひとつです。

◯ 刑事訴訟法
　第198条　検察官，検察事務官又は司法警察職員は，犯罪の捜査をするについて必要があるときは，被疑者の出頭を求め，これを取り調べることができる。但し，被疑者は，逮捕又は勾留されている場合を除いては，出頭を拒み，又は出頭後，何時でも退去することができる。
　2〜5　略

捜査の基本は任意捜査ですが，それでは核心に迫れないときには強制捜査しかありません。強制捜査には，人を確保する「逮捕，勾留」と，物を確保する「捜索，押収など」があります。

図表14−1　任意捜査と強制捜査の手法

任意捜査	聞き込み，尾行，任意同行
強制捜査	人を確保する⇒逮捕，勾留
	物を確保する⇒捜索，押収など

強制捜査は法律で定められた場合に認められ（刑事訴訟法197条1項），しかも，裁判所の許可書（**令状**）が必要となります。ただ，「現行犯逮捕」の場合には令状が必要ありません。罪を犯したことが明らかで不当逮捕を

心配しないでもいいからです。

⭕ 刑事訴訟法
第197条　捜査については，その目的を達するため必要な取調をすることができる。但し，強制の処分は，この法律に特別の定のある場合でなければ，これをすることができない。
2, 3　略

⭕ 憲　法
第33条　何人も，現行犯として逮捕される場合を除いては，権限を有する司法官憲が発し，且つ理由となつてゐる犯罪を明示する令状によらなければ，逮捕されない。
第35条　何人も，その住居，書類及び所持品について，侵入，捜索及び押収を受けることのない権利は，第33条の場合を除いては，正当な理由に基いて発せられ，且つ捜索する場所及び押収する物を明示する令状がなければ，侵されない。
2　略

「逮捕」はラストではなく，スタートです

　次に「**逮捕**」です。逮捕はもちろん，身柄を確保することです。刑事ドラマでは容疑者を逮捕するとエンディングテーマが流れ，一件落着の雰囲気が漂います。しかし，罪を問う手続全体のなかでみると，「手続は始まったばかり……」という感じなのです。逮捕したあとは，罪を裁判所に問う手続に向けて，次なるステップが始まります。というのは，逮捕は，警察で48時間以内，検察で24時間以内の合わせて72時間以内しか認められていないからです。

「逮捕」の次は裁判に向けての「勾留」です

　逮捕は最大限で72時間（3日間）しか認められないといいましたが，この間，警察や検察では，本人の弁解などを聞いて，身柄を拘束する必要がないと判断したら釈放します。

　もし，真犯人だと思える理由があって，しかも，決まった住所がないとか，証拠を隠滅するおそれや逃亡するかもしれないなどと思える場合には，裁判に向けて，身柄を拘束する「**勾留**」という手続に進みます。勾留は裁判官へ勾留請求をして行います。これが「起訴前の勾留」です。起訴前の勾留は，延長した場合も含めて，原則として最大限20日間です。その間に検察官により起訴がされることになります。こうなって，やっと刑事裁判が始まるのです。

起訴は「検察官」だけしかできないのです

　裁判所に「この人の罪を裁いてください！」ということを起訴といいます。民事裁判では裁判所に助けてもらいたいと思う人が誰でも裁判を起こすことができるわけですが，基本的に刑事裁判では起訴できるのは「**検察官**」だけとなっています。そのため刑事事件の起訴のことを「**公訴の提起**」ともいいます。

　もっといえば，法令違反の事件を見つけたとしても，検察官は必ず起訴するわけではありません。刑罰が科せられることが法令に規定されていたとしても，被疑者の年齢や事件後の態度などを総合的に考えて「今回は処罰するほどのことはないか……」と感じた場合には起訴しないこともあるのです。このように起訴しないことを「**起訴猶予**」といいます。検察官が

「自分の知り合いだから起訴しないでおこう」とか「好みのタイプだからお目こぼししよう」なんて権限を濫用したらとんでもないことになるのですが，公平に，また上手に起訴猶予の仕組みを使えば，罪を犯した人も心を入れ替えて再び社会で活躍してくれるかもしれません。

「起訴後の勾留」もあります

裁判をしている間も，勾留理由がある場合にはやっぱり勾留が続きます。この勾留を**起訴後の勾留**といいます。必要性がある以上，起訴後の勾留は，無罪，有罪の判決が出るまで続きます。

2　何が犯罪なの？：刑法

刑罰を科せられる行為は刑法の罪ばかりではありません

捜査から刑事裁判に至って刑罰が科せられるまでの手続をざっと見てきましたが，「こんなことをしたら犯罪になって刑罰が科せられる」というのは，どこに書かれているのでしょうか？

「それは簡単。刑法に決まっているじゃないの！」。そうした声が聞こえてきそうです。なるほど，刑法第2編には，刑罰が科されるような行為がズラリと挙げられています。「強盗の罪」や「非現住建造物放火罪」など，犯罪名がいくつも挙げられています。ところが，刑罰を科される行為は刑法以外の法律にも規定されています。たとえば，軽犯罪法なんて法律があります。こちらはその名のとおり，刑法で規定するほどではない「ちょっとした罪」がいくつも並んでいます。少し挙げてみると，こんな感じです。

Ⅲ　法律の役割

◉ 軽犯罪法
　　第１条　左の各号の一に該当する者は，これを拘留又は科料に処する。
　　一　人が住んでおらず，且つ，看守していない邸宅，建物又は船舶の内に正当な理由がなくてひそんでいた者
　　二・三　略
　　四　生計の途がないのに，働く能力がありながら職業に就く意思を有せず，且つ，一定の住居を持たない者で諸方をうろついたもの
　　五〜二二　略
　　二三　正当な理由がなくて人の住居，浴場，更衣場，便所その他人が通常衣服をつけないでいるような場所をひそかにのぞき見た者
　　二四〜三四　略

　また，自動車の運転などについて守るべきことは，道路交通法などに規定されています。これには違反者への罰則もあります。また，労働基準法では使用者が守るべき義務がいくつも規定されています。これに反した場合の罰則もあります。このように罰則は刑法ばかりでなく，いろいろな法律にちりばめられて存在します。「刑法に書かれていないから大丈夫」などと思っていたら，大間違いです。

　「そんな法律知らないよ」，「そんな罰則知らなかった」といっても，言い逃れはできません。知らない人がいけないのです。「法律の不知はこれを許さず」という法格言もあるように，刑法にも次のような規定が置かれています。

◉ 刑　法
　（故意）

第38条　略
2　略
3　法律を知らなかったとしても，そのことによって，罪を犯す意思がなかったとすることはできない。ただし，情状により，その刑を減軽することができる。

刑法以外の法律に規定された罰則を「**特別刑法**」といいます。これも広い意味では「刑法」といえるのです。

刑法には刑罰の種類も規定されています

せっかくですので，「**刑罰**」の種類も見ておきましょう。刑法第1編では刑罰を科すときの基本的なルールが定められています。ここには，刑法に規定された刑罰の種類についての定めもあります。

刑罰は大きく「**死刑**」，「**自由刑**」，「**財産刑**」に分かれます。「**懲役刑**」と「**禁錮刑**」の区別は，意外に知られていませんが，刑務作業があるかないかの違いになります。

図表14−2　刑罰の種類

死　刑	
自由刑（身柄を拘束される刑）	懲役（刑務作業あり）
	禁錮（刑務作業なし）
	拘留（刑務作業なし）30日未満
財産刑（金銭の納付を求められる刑）	罰金（1万円以上）
	科料（1万円未満）

このほかに「**没収**」という罪もありますが，これは単独で言い渡される

ことはなく、懲役などの刑と併せて言い渡される刑（**付加刑**）です。たとえば、「わいせつ物」が問題となった事件で、その「わいせつ物」を国が取りあげるようなものがこの「没収」です。

「過料」は刑法で定められた刑罰ではありません

もしかしたら「『過料（かりょう）』が表にないぞ」と思ったかもしれません。たしかに、六法をめくってみると罰則規定の最後に「〇万円以下の過料に処する」と書かれている法律がたくさんあります。

実はこの「**過料**」というのは刑法に定められた刑罰ではありません。「軽いペナルティ金」とでもいうべきものなのです。刑法で定められた刑罰は、最初に説明したように、基本的には、警察が捜査して、検察が起訴して、刑事裁判を経て科せられます。ところが、過料は違います。国の法令の場合、過料は「刑事訴訟法」の手続によらず、「**非訟事件手続法**」に従った簡単な手続で地方裁判所により科されます。また、条例など自治体の法令に違反した場合にも過料が科されることがあるのですが、この場合は自治体の首長の処分としてなされます。知事や市町村長が支払うよう命じるというわけです。

ここまでの説明を聞いて、どうして「**罰金**」と「過料」という2つの制度を作る必要があったのか疑問に思った人もあることでしょう。なるほど、どちらも金銭を払うよう求められる罰です。

ただ、そこには少しプロっぽい理由が横たわっています。というのも、罰金は一般に道徳的に許されないような行為に科されるものです。過料はそこまではいえないルール違反に科されるというものです。そうした違いが2つの制度の背景にあるのです。ただ、実際に、罰金にするか、過料にするかは、なかなか難しいところがあるようです。

3 刑法が自由を守るってホント？

犯罪の本質も学ぶ「刑法」

　ところで，大学の「刑法」の授業って，どんなことを教えてくれるのでしょう。もちろん，代表的な犯罪を学ぶということはあります。「こんなことをしたら強盗罪です」とか「これは放火罪になります」といったことも条文に書かれているからです。ただ，それと同時に，「犯罪の本質」を少し掘り下げて勉強します。考えてみると，「してはいけないことをした」というだけでなく，「みんなに迷惑をかけるような行為を，しかも，自分の気持ちにストップがかけられず，してしまった……」，刑罰が科せられる本当の理由はそこにあるはずです。

　たとえば，街中では「俺の足を踏んだ！」なんて，ささいなことでトラブルになることがありますが，次のような場合にはどうでしょうか？

　① 「一心同体！」などといいながら，ふざけてＡ君が足をのせてきた
　② 学食で並んでいたら押されて，後ろのＢ君の足を踏んでしまった
　③ 赤ちゃんがトコトコ歩いて来て自分の足の上を踏んで行った

　①〜③までの場合に，「俺の足を踏んだ！」と怒るのは大人げないような気がします。①の場合には，そもそも「足を踏んだ」とまでいえないかもしれません。また，②の場合には「わざと」ではありません。「しかたがなかった」とさえいえそうです。③の場合には，しょせん赤ちゃんのしたことです。何か意味があってやったとは思えません。

　ここでは詳しく述べませんが，犯罪を犯罪として処罰する場合には，①「犯罪に当たる行為をしたこと」，そして，それが②「違法であること」，

169

さらに③「その行為について責任を問うことができること」の3つのフィルターを通じて，犯罪といえるかどうか判断することとなっています。

刑法は人権を守るための法律なのです

　刑法というと，人を罰するための法律というイメージがあります。しかし，人権を守るための法律であり，学問でもあるのです。というのは……，まず，「こんなことをすると犯罪になりますよ」と犯罪となる行為をあらかじめ条文で明らかにしてくれています。「してはいけないこと」が規定されているということはそれ以外のことは「してもいい」いうことです。権力者のその場の都合で「犯罪者」を作ることができなくなります。また，3つのフィルターを通して犯罪といえるかチェックすることも重要です。罰すべきでない者が罰せられることのないようにするためです。

おばあちゃんのいっていたこと

　考えてみると，いわゆる，刑務所は懲役や禁錮の実刑判決が出たとき収容される施設なのですから，「悪いことしよったら，お巡りさんに捕まって刑務所入れられるでぇ」というおばあちゃんの言葉はだいぶ，途中を端折った（省略した）ものだったといえます。正確にいえば「悪いことしよったら，お巡りさんに逮捕されて，勾留され，裁判を受けて，刑務所に入れられるかもしれへんでぇ」となります。この章の復習を兼ねて，その手続を図表14－3にしてみました。

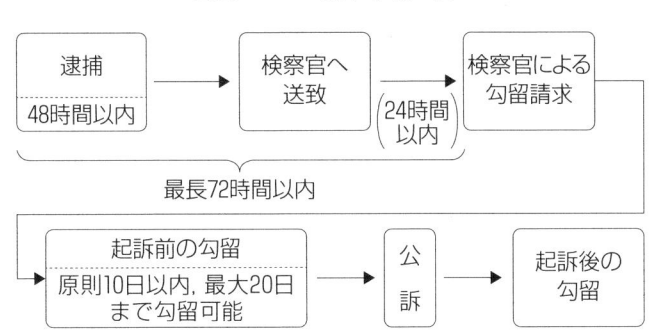

図表14-3　刑事手続の流れ

```
[逮捕]            [検察官へ         [検察官による
48時間以内    →   送致]     24時間    勾留請求]  →
                           以内
         最長72時間以内

→ [起訴前の勾留]      →  [公訴]  →  [起訴後の
   原則10日以内, 最大20日                勾留]
   まで勾留可能
```

こんな本も読んでみて

少し難しい刑法もこの本なら大丈夫。仲道祐樹 著／山中正大 イラスト『おさるのトーマス，刑法を知る：サル山共和国の事件簿』（太郎次郎社エディタス，2014年）

Ⅲ　法律の役割

15章
憲法・行政法
：権力を縛る指示書とは?!

1　憲法って本当は権力に向けられたものなのです

『憲法九条を世界遺産に』という新書が話題になりました

　少し前，太田光・中沢新一『憲法九条を世界遺産に』(集英社，2006年)が話題となりました。太田光さんは，「爆笑問題」のあの太田さんです。中沢新一さんは哲学者でもあり，宗教学者でもあるマルチな研究者として有名な人です。アマゾンの紹介文では，こんな風に書かれています。

> 実に，日本国憲法とは，一瞬の奇蹟であった。それは無邪気なまでに理想社会の具現を目指したアメリカ人と，敗戦からようやく立ち上がり二度と戦争を起こすまいと固く決意した日本人との，奇蹟の合作というべきものだったのだ。しかし今，日本国憲法，特に九条は次第にその輝きを奪われつつあるように見える。この奇蹟をいかにして遺すべきか，いかにして次世代に伝えていくべきか

　でも，憲法９条のどこが世界遺産になるほど「貴重」なのでしょうか？その話の前に憲法の役割からお話しましょう。

憲法は国民が作った指示書です

　ズバリ，憲法は「国民が作った国作りの指示書」です。誰に対しての指示書かということですが，それは「権力をもった者への指示書」です。

　この話をすると意外に感じる人も多いかもしれません。たとえば法律は国民に「〇〇しなさい！」とか「××してはいけません！」と命令することがあります。それは法律が国民に向けられたものであることの証拠です。こうしたことに慣れているせいかもしれません。憲法も「国民に向けられたもので法律よりランクの上の法令」などと理解してしまう人がいるのです。しかし，それは全然，違います。「オオサンショウウオ」を「大きなおたまじゃくし」というぐらい違います。

　憲法は国民が権力者へ示した国作りの指示書なのです。「証拠はあるのかよ～」。疑い深い人は必ずそういいますが，その証拠は憲法の条文のなかにあります。次の3つの条文のうち，その証拠ともいえる条文はどれでしょうか？

　⭕ 憲　法
　　第13条　すべて国民は，個人として尊重される。生命，自由及び幸福追求に対する国民の権利については，公共の福祉に反しない限り，立法その他の国政の上で，最大の尊重を必要とする。
　　第41条　国会は，国権の最高機関であつて，国の唯一の立法機関である。
　　第99条　天皇又は摂政及び国務大臣，国会議員，裁判官その他の公務員は，この憲法を尊重し擁護する義務を負ふ。

　答えは，憲法99条です。憲法を守るべき者に国民の名がありません。

Ⅲ　法律の役割

　これこそ，憲法は国民が作り，権力者に向けられたものであることの証拠です。

　さらに疑り深い人に，もうひとつ証拠をお見せします。憲法改正の国民投票を定めた憲法96条です。国民は法律を作ることを国会議員に任せていますが，憲法改正について国会議員が作ることができるのは「案」にすぎません。最終的に憲法改正を行うのは国民だからです。

○ 憲　法
　　第96条　この憲法の改正は，各議院の総議員の3分の2以上の賛成で，国会が，これを発議し，国民に提案してその承認を経なければならない。この承認には，特別の国民投票又は国会の定める選挙の際行はれる投票において，その過半数の賛成を必要とする。
　　2　略

憲法を改正するのも当然，国民です

　たとえば，自分が家を新築するとします。長い間，プランを温めてきたのですから，階段の上は吹き抜けにするとか，リビングは2階にもってくるとか……，いろいろと注文を出すことでしょう。

　こうした注文をするのは家のオーナーだからです。自分の家なのですから指示を出す権利があります。

　これを憲法に引き直してみると，この国のオーナー（主権者）は国民です。ですから，この国を作るに当たってまたは変えるに当たって，国の運営を担当する者に注文を出すのは当たり前のことなのです。

　憲法には「○○の権利」や「○○の自由」といった規定がたくさんあります。それは権力を手にしたものが国作りをするに当たって，守るべきこと

や，侵してはらないことを指示した内容となっています。

　となると，国民の間から憲法改正の機運が盛り上がってもいないのに，議員から「憲法はこう改正すべきだ！」などというのは，「おこがましい」ということになります。もちろん，国民に「気がつかない問題」を伝えるのも政党や議員の役割という部分はありますが，あまり声が大きく押しつけがましいと「国民が決めることだ！」という気持ちが強くなります。

憲法には「人権規定」と「統治規定」があります

　さて，憲法の内容も見てみましょう。ひとつひとつ条文を見るのはたいへんなので，少し手抜きをして，各章の章名を並べてみました。すると，こんな感じになります。

　　第１章　天皇
　　第２章　戦争の放棄
　　第３章　国民の権利及び義務
　　第４章　国会
　　第５章　内閣
　　第６章　司法
　　第７章　財政
　　第８章　地方自治
　　第９章　改正
　　第10章　最高法規
　　第11章　補則

　第11章は憲法の制定時に必要だった規定なので，今はもう用がありません。第10章，第９章は，憲法の性格や改正手続に関するもの。具体的

な内容は,それ以外の章ということになります。残りの規定については「**人権規定**」と「**統治規定**」に分けるのが普通です。

「野原しんのすけ」と表現の自由

人権規定というのは「○○の権利」,「○○の自由」といった規定のことです。憲法第3章に定められています。たくさんの自由に関する規定が並んでいることからこの憲法第3章を「人権のカタログ」といったりします。このうち,重要な人権規定を挙げておきましょう。次の21条は「表現の自由」を定めた規定です。

○ 憲　法
第21条　集会,結社及び言論,出版その他一切の表現の自由は,これを保障する。
2　検閲は,これをしてはならない。通信の秘密は,これを侵してはならない。

ただ,自由も絶対的なものではありません。「表現の自由」があるといっても,テレビ放映中に出演者が「クレヨンしんちゃん」のしんのすけのようにお尻を出すのはさすがにまずいはずです。わいせつな行為として刑法に触れるおそれもあり,表現の自由の限界を超えてしまっていると考えられるからです。

ただ,その行為が自由の限界を超えるものかどうかの判断は難しい場合もあります。安易に限界を認めると,自由や権利が形だけのものとなってしまいます。たとえば,お笑い芸人が「ウケねらい」で「お尻を出す」のと,前衛芸術家がお尻を出すダンスをするのでは,意味が違います。表現とし

てお尻を出すことに意味があるなら，ウケねらいのお尻出しよりは大目に見ることも必要なはずです。

憲法の先生が「たくさんの判例を読め！」というのも，そのためなのでしょう。たくさんの実際に起こった事件を通じて，自由や権利の限界を知ることができるからです。

統治規定だって人権を守るためにあります

さて，人権規定と並んでもうひとつの憲法の柱となるのは「統治規定」です。「国会（立法）」，「司法（裁判所）」，「内閣（行政）」，「地方自治」などがそれです。

「なるほど効率よく国を治める仕組みが定められているんだ……」と思うかもしれません。しかし，それは違います。憲法は徹頭徹尾「人権を守る」ということを頭に置いて定められています。そんな人権一徹の憲法が定めた統治規定なのですから，統治規定だって人権を最大限守るために作られているのです。たとえば，有名な**三権分立**の仕組みです。もちろん，これも司法，行政，立法のけん制を通じて人権を守る仕組みなのです。

「九条を世界遺産にしたい」理由

人権規定であっても，統治規定であっても，日本国憲法がまったくいちから作り上げたのかといえば，そうではありません。世界史で「封建領主の支配から少しずつ国民が主権を取り戻した歴史」を学んだはずです。大げさにいえば，こうした人類の歴史のなかで育ってきた民主的な考え方や仕組みというものがあります。日本の憲法も，そうした考え方や仕組みをベースにして作られています。

Ⅲ 法律の役割

　三権分立は**モンテスキュー**以降の近代憲法の大事な要素ですし，数ある自由のなかでも「**表現の自由**」は一番，大切な自由と意識されていることも民主的な国では共通のことです。「表現の自由」が失われたら，権力を何も批判できなくなってしまうからです。批判する者を警察や軍隊が監視するようになるのは時間の問題です。こうなれば，どこかの国のように選挙といっても形ばかりのものになるでしょう。

　ただ，日本国憲法のなかでもひときわ異彩を放っているのが9条です。いろいろな読み方がされていますが，これまで「自衛戦争もしない」と宣言したものと考えられてきました。もちろん，日本にも自衛権はあります。急な侵害があったときに，つり合いがとれる範囲で必要な措置をとるのが**自衛権**です。自衛権は国連憲章で独立国家に認められています。ただ，「自衛戦争はしない！」といったのです。

　スカートめくりをしようとする男子の手を振り払うのが「自衛権」，スカートめくりをした男子が「ごめんなさい」をいうまで打ちのめすのが「自衛戦争」というところでしょうか。

　一般的な説によると，9条1項では自衛戦争までは放棄はしていませんが，2項で一切の戦力も交戦権も否定していると読みます。トタールで解釈すれば「自衛戦争もしない」と宣言したということになります。

● 憲　法
　　第9条　日本国民は，正義と秩序を基調とする国際平和を誠実に希求し，国権の発動たる戦争と，武力による威嚇又は武力の行使は，国際紛争を解決する手段としては，永久にこれを放棄する。
　　2　前項の目的を達するため，陸海空軍その他の戦力は，これを保持しない。国の交戦権は，これを認めない。

「侵略戦争はしないと宣言しただけ」とする読み方もあるかもしれません。しかし、「侵略戦争をしない」というのは当たり前のことです。何も改まっていうほどの意味はありません。「自衛のためといえども戦争をしない」と定め、そのための「戦力ももたない」というからこそ、「大胆」なのです。それは国際紛争を武力を使わず解決するという世界を作ろうと考え、そのために日本が先駆けになることを宣言したものといえます。たくさんの命と引き換えに見つけた大きな理念だったのです。

もし、この憲法に掲げる理念を世界に広めようと日本が努力したとしたら、もっと違う形で、世界中で尊敬を集める国になったかもしれません。しかし、その後の日本のたどった道は知ってのとおりです。「自衛のための最小限度を超える実力でなければ戦力でない」という解釈の下に、着々と自衛隊の整備は進められてきました。また、いったんは国として選択しないとした集団的自衛権の行使も今後、行使するかもしれないと決めました。ある意味、日本は「普通の国」となってしまったのです。たくさんの命と引き換えたはずの理念は「永遠の理想」として、憲法の文言に残されるだけの「遺産」となってしまいそうです。

2　行政法の種類と役割

「行政法」は存在しません

誤解している人もいるようです。まず、最初にいっておきます。「行政法」という法律はありません。行政に関する法律をまとめて「行政法」といいます。その行政法を分類すると次のようになります。

Ⅲ　法律の役割

図表15－1　行政法の分類

行政組織法	行政の組織に関する法律	例：国家行政組織法
行政救済法	行政に侵害された権利の救済に関する法律	例：行政事件訴訟法
行政作用法	行政と国民（住民）とのかかわりを定めた法律	例：食品衛生法

　行政組織法というのは，行政の組織を定める法律です。○○省など国の行政機関の仕組みを定める国家行政組織法はこの行政組織法のひとつです。また，行政事件訴訟法は，「自分への不許可は違法だ！」「自分へは許可すべきだ！」といった行政の違法についての訴訟を定めた法律です。これは**行政救済法**の代表例です。最後の**行政作用法**ですが，世の中の多くの行政法がこの行政作用法に当たります。国民に「○○しなさい」とか「××してはいけません」と定める法律があります。また，「××してはいけませんが，許可をとった場合はいいですよ」と定めているものもあります。これらの法律はみんな行政作用法です。食品衛生法は，食堂など食事を出すお店を開くには都道府県知事の許可（実際には保健所長の許可）を得ることを定めていますので，この行政作用法のひとつというわけです。

行政法は行政の権限を法の「檻」の中に閉じ込めておくものです

　こうしたことを話すと「許可をとれ」だの「××してはいけない」だの，行政法は国民をコントロールするための道具だと思うかもしれません。しかし，見方を変えれば違ったものが見えてきます。
　「また，メール来たよ。女房，3時間おきにメールくれるんだ。俺のこと心配なんだな」。奥さんからのメール着信音を聞くたびに，A君は嬉しそうです。A君が喜んでいるなら，それでいいのですが，見方を変えれば，

よっぽどA君は信頼されていないともいえますし，信頼したうえで，頻繁にメールするなら，A君の奥さんはストーカー体質があるのかもしれません。

行政法だって，見方を変えれば違ったことが見えてきます。

たとえば，「△△したいなら許可をとれ」という法律があったとします。よく読んでみると同時に許可を与えるための条件（要件）も書かれています。実はこの部分は「行政を縛る」意味があるのです。行政に許可の権限を与えるとともに，行政が好き勝手に許可を与えたり，与えなかったりするような事態を防ぐ意味があるのです。その意味で，行政作用法は行政に権限を与えると同時に，行政の権限を法で定めた「檻」の中に閉じ込めておく意味があるのです。

この考え方は行政組織法にも通じます。その行政組織がどんなことをする組織なのかを定めることは，その権限を超えて行政が権限行使することをストップさせるものともなるからです。

行政救済法はもちろん，行政と国民とのトラブルを解決するための法律です。となると，行政救済法も「国民の自由を守るための法律」ということになります。

行政の暴走に注意深くなる理由

行政が暴走することをとても注意しているのにはわけがあります。

行政が国民に働きかける方法に「処分」というのがあります。たとえば，課税処分を考えてみると，一方的に「××税として100万円を払うように」と通知がくるものです。一般の人どうしの契約だと，「このバナナ，100円でどう？」「少し高いんじゃないの。80円ならもらうのは……」。などとやりとりがあり，意思が一致してはじめて契約が成立するものです。ところが，課税処分ではこうしたことはありません。いきなり「100万円払

Ⅲ　法律の役割

え」とくるわけです。「税金を100万払ってくれない？」と尋ねてきたりはしませんし，ましてや，「80万円ならいいよ」などとやりとりすることはできないのです。

　少し難しい言葉で**法律による行政の原理**」というものがあります。「国民の権利を制限したり義務を課したりする場合などは，必ず法律（条例もここに含みます）という根拠が必要である」という考え方なのです。こうした考え方と行政法との関係がわかれば，行政法の見方が変わるかもしれません。

こんな本も読んでみて

　憲法については，本文中で，太田光・中沢新一『憲法九条を世界遺産に』（集英社新書，2006年）を紹介しましたが，行政法についても1冊紹介しておきます。手前味噌なのですが，吉田利宏『つかむ・つかえる行政法』（法律文化社，2011年）です。たぶん，日本一やさしい行政法の本です。一気に読み通せて行政法の全体像が理解できるはずです。

索　引

あ 行

- 悪意 037
- イェーリング 027
- 以下 050
- 以上 050
- 一部改正法 064
- 一般法 078
- 違法 039
- 医療保険制度 121
- 姻族 038
- 及び 043

か 行

- 解釈 081
- 皆年金制度 121
- 皆保険制度 121
- 係る 054
- 学説 084
- 瑕疵 036
- 過失 037
- 家族法（身分法） 149
- から 050
- から～まで 050
- から起算して 050
- 過料 168
- 関する 054
- 官報 065
- 管理監督者 140
- 議員提出法案 104
- 議院法制局 102
- 棄却 040
- 期限 039
- 起訴 086
- 規則 113
- 起訴後の勾留 165
- 起訴猶予 164
- 記名 040
- 却下 040
- 休憩 141
- 休日 139
- 教育委員会規則 114
- 強行規定（強行法規） 151
- 共済 122
- 共済年金 130
- 行政救済法 180
- 行政作用法 180
- 強制捜査 162
- 行政組織法 180
- 議連（議員連盟） 098
- 禁錮刑 167
- 経過措置 060
- 刑事事件 086
- 刑事訴訟法 086, 161
- 刑集（最高裁判所刑事判例集） ... 096
- 刑罰 167
- 契約 024, 135
- 血族 038
- 健康保険 122, 143
- 原告 086
- 検察官 086, 164
- 限時法 067
- 故意 037
- 項 033
- 号 033
- 公安委員会規則 114

183

行為規範	027	自由刑	167
後期高齢者医療制度	123	主文	094
工作物	037	準用する	047
公序良俗	036	章	033
厚生年金保険	129, 143	条	033
控訴	087	条件	039
公訴の提起	086, 164	上告	087
公布	065	上告受理の申立て	089
公法	072	少数意見	094
勾留	164	消費者契約法	155
超える	050	消費者団体訴訟制度	156
国民健康保険	122	消費者法	154
国民審査	094	小法廷	093
国民年金	129	抄本	041
国立国会図書館サーチ	020	省令	110
雇用保険	143	条例	025, 113
		条例施行規則	114

さ 行

		初日不算入の原則	051
債権	149	署名	040
最高裁判所刑事判例集	096	人権規定	176
最高裁判所民事判例集	096	親族	149
財産刑	167	推定する	049
財産法	149	製造物責任法	159
最低賃金法	137	政令	110
雑則	062	善意	030, 037
妨げない	054	総則	062, 149
三権分立	177	相続	149
三審制	087	属人主義	071
自衛権	178	属地主義	069
死刑	167	その他	044
事件番号	093	その他の	044
施行	066		

た 行

施行期日	066		
事実審	088	対抗する	030, 037
自然人	038	第三者	037
自然法	026	題名	033
実体的規定	062	逮捕	163
実体法	076	大法廷	093
私法	072	地域別最低賃金	138
社会保険完備	143	嫡出子	038
就業規則	108, 144	懲役刑	167

索　引

聴聞 ……………………………… 080
通達 ……………………… 109, 115
通知 ……………………………… 115
定義規定 ………………………… 063
適格消費者団体 ………………… 156
適用する ………………………… 047
手続法 …………………………… 076
当該 ……………………………… 036
動産 ……………………………… 038
統治規定 ………………………… 176
道徳 ……………………………… 027
党内手続 ………………………… 104
当分の間 ………………………… 053
謄本 ……………………………… 041
特定最低賃金 …………………… 138
特定商取引に関する法律 ……… 158
特別刑法 ………………………… 167
特別法 …………………………… 078
ドメイン名 ……………………… 018

な　行

内閣提出法案 …………………… 104
内閣府令 ………………………… 111
内閣法制局 ……………………… 102
名ばかり管理職問題 …………… 140
並びに …………………………… 043
任意規定（任意法規） ………… 152
任意捜査 ………………………… 162

は　行

罰金 ……………………………… 168
罰則 ……………………………… 062
判決書 …………………………… 090
被告 ……………………………… 086
被告人 …………………………… 086
非訟事件手続法 ………………… 168
非嫡出子 ………………………… 038
被扶養者 ………………………… 123
被保険者 ………………………… 122
表現の自由 ……………………… 178
付加刑 …………………………… 168

附則 ……………………… 059, 062
物権 ……………………………… 149
不適法 …………………………… 039
不当 ……………………………… 039
不動産 …………………………… 038
分野別六法 ……………………… 016
法規 ……………………………… 109
法人 ……………………………… 038
法定労働時間 …………………… 138
法的整合性 ……………………… 103
法律 ……………………… 024, 110
法律審 …………………………… 088
法律による行政の原理 ………… 182
法令 ……………………………… 109
法令データ提供システム ……… 014
法令番号 ………………………… 117
法令用語 ………………………… 030
保護主義 ………………………… 071
没収 ……………………………… 167
本則 ……………………………… 059

ま　行

又は ……………………………… 041
見出し …………………………… 033
みなす …………………………… 048
未満 ……………………………… 050
民事事件 ………………………… 086
民事訴訟法 ……………………… 086
民集（最高裁判所民事判例集） … 096
民法 ……………………………… 148
目次 ……………………………… 033
目的規定 ………………… 063, 156
若しくは ………………………… 041
モンテスキュー ………………… 178

や　行

有給休暇 ………………………… 141
要件 ……………………………… 036
要綱 ……………………………… 115

185

ら行

- リーガルマインド ……………… 005
- 令状 …………………………… 162
- 労働安全衛生法 ……………… 146
- 労働基準法 …………………… 135
- 労働協約 ……………………… 144
- 労働契約 ……………………… 136
- 労働契約法 …………………… 146
- 労働者災害補償保険 ………… 143
- 労働条件 ……………………… 135
- 老齢基礎年金 ………………… 129
- 老齢厚生年金 ………………… 129
- 六法 …………………………… 015
- 六法全書 ……………………… 013

わ行

- 割増賃金 ……………………… 139

■ 著者紹介

吉田 利宏（よしだ・としひろ）

◉ プロフィール
元衆議院法制局参事。1963（昭和38）年神戸市生まれ。早稲田大学法学部卒業後，15年にわたり，法律案や修正案の作成に参画。
現在，著述，講演活動の傍ら，自治体において，政策法務研修講師，議会アドバイザー，各種審議会委員を務める。早稲田大学エクステンションセンター講師，議会事務局実務研究会呼びかけ人。

◉ 主な著書
『つかむ・つかえる行政法』（法律文化社）
『元法制局キャリアが教える　法律を読む技術・学ぶ技術』（ダイヤモンド社）
『元法制局キャリアが教える　法律を読むセンスの磨き方・伸ばし方』（ダイヤモンド社）
『新法令用語の常識』，『法令読解心得帖』（共著）（日本評論社）など多数

◉ 主な連載
「新・法令解釈・作成の常識」（法学セミナー）
「議会コンシェルジュ」（議員NAVI）

法学のお作法

2015年9月1日　初版第1刷発行

著　者　吉田利宏
発行者　田靡純子
発行所　株式会社 法律文化社

〒603-8053
京都市北区上賀茂岩ヶ垣内町71
電話 075(791)7131　FAX 075(721)8400
http://www.hou-bun.com/

＊乱丁など不良本がありましたら，ご連絡ください。
　お取り替えいたします。

印刷：西濃印刷㈱／製本：㈱吉田三誠堂製本所
装幀：三原賢治・須蒲有希
ISBN 978-4-589-03695-7

Ⓒ 2015 Toshihiro Yoshida Printed in Japan

JCOPY 〈(社)出版者著作権管理機構 委託出版物〉

本書の無断複写は著作権法上での例外を除き禁じられています。複写される場合は，そのつど事前に，(社)出版者著作権管理機構（電話 03-3513-6969，FAX 03-3513-6979, e-mail: info@jcopy.or.jp）の許諾を得てください。

吉田利宏著
つかむ・つかえる行政法
Ａ５判・248頁・2500円

難解で抽象的になりがちな行政法の考え方を身近な事例に置き換え，具体的にわかりやすく説明。全体像をつかみ，使いこなせるようになるために必要十分なエッセンスを抽出。これを読んでわからなければ行政法はわからない。

木俣由美著
ゼロからはじめる法学入門
Ａ５判・232頁・2400円

法の世界のおもしろさを知らない人にむけた入門書。憲法・民法・刑法に焦点をあて，法的思考力の修得をめざす。「なぜそうなるのか」という本質的理解と，法的紛争以外の日常的な問題に対して筋道を立てて解決できる力を養う。

福本知行著
法学学習のツボとコツ
―法令・判例読解指南之書―
Ｂ５判・174頁・1800円

はじめて法学を学ぶうえで，最も基礎的な素養である「法令」と「判例」の「読み方」をどう身につけたらよいか，豊富な実例をあげながらていねいに解説。初学者の目線から説き起こした新しいタイプの法学手引書。

陶久利彦著
法的思考のすすめ〔第２版〕
Ａ５判・154頁・1800円

具体事例を素材に問いをたて，読者とともに考えるというスタンスで，法的思考の核である，ルールを中心とした論理の組立て方の思考訓練を説いた入門書。第２版にあたり，よりわかりやすい表記とした。

吉永一行編
法 学 部 入 門
―はじめて法律を学ぶ人のための道案内―
Ａ５判・188頁・2100円

法学部はどんなところ？　新入生の疑問に答えるべく，第Ⅰ部で，社会・紛争・正義を題材に法律を紹介。第Ⅱ部では，学ぶ姿勢・試験・講義など，実際の学習を案内。卒業後の進路にも触れ，法学部で学ぶ意義を問う一冊。

髙作正博編
私たちがつくる社会
―おとなになるための法教育―
Ａ５判・232頁・2400円

法という視点をとおして，だれもが〈市民〉となるために必要な知識と方法を学び，実践するための力を涵養する。おとなになる過程のなかで，自分たちが社会をつくるという考え方を育む。日本社会のいまがわかる入門書。

―法律文化社―
表示価格は本体（税別）価格です